KB266439

호모 인플루언서

호모 인플루언서

영향력을 설계하는 사람들의 5가지 공통점

호모 인플루언서

이희대 지음

헤르몬하우스
HERMONHOUSE

새벽 3시의 고독을 견디며 쌓아 올린 시간은 배신하지 않습니다. '성장'이 우연한 점프가 아니라, 지루한 시간의 '축적'임을 증명하는 이 책은 불안한 청춘들에게 건네는 매우 따뜻한 확신입니다.

—성장읽기, 너와 나의 은퇴학교_이권복 작가

보석은 빛으로 기억되지만, 그 빛을 만든 것은 시간입니다. 그 숨은 시간을 섬세하게 기록해 주셔서, 오래 간직할 선물을 받은 마음입니다.

—다이아언니_권태이

카메라 렌즈를 바라보며 이야기를 건네고, 화면 너머의 수많은 분들과 감상을 나누는 일. 매일 겪는 일상은 결국 '소통'이라는 두 글자로 귀결됩니다. 하지만 넘쳐나는 콘텐츠와 수많은 피드백 속에서, 어떻게 하면 사람들과 더 진정성 있게 연결될 수 있을지에 대한 고민은 늘 꼬리표처럼 따라다녔습니다.

1인 미디어 생태계를 누구보다 깊게 꿰뚫어 보시는 이희대 교수님의 이번 신간은 그 끝없는 고민에 대한 좋은 나침반이 되어줍니다. 단순히 메시지를 잘 전달하는 기술을 넘어, 디지털 시대에 사람과 사람이 어떻게 온기를 잃지 않고 주파수를 맞출 수 있는지에 대한 깊고 따뜻한 통찰이 담겨 있습니다.

일상 속 진짜 소통의 의미를 찾고자 하는 모든 분께 이 책을 권합니다.

—김단군_김의중

버추얼 유튜버로서 늘 고민했던 '존재'에 대한 물음에 작가님은 따뜻한 시선으로 답을 건넸습니다. 이 책은 단순한 인터뷰집이 아닙니다. 디지털 세상 속에서 잃어버리지 말아야 할 '인간의 온기'를 찾아가는 소중한 지도입니다.

—버추얼 크리에이터_빙밍

트로피를 내려놓고 마이크를 잡았을 때, 비로소 승패가 아닌 '사람'이 보였습니다. 정점에 섰던 프로게이머가 아닌, 옆집 형처럼 소통하고 싶었던 제 마음을 이토록 정확하게 짚어낼 수 있을까요. 관계의 힘을 믿는 모든 분께 이 책을 추천합니다.

—스맵_송경호

흙이 거짓말을 하지 않듯, 진심으로 심은 콘텐츠는 반드시 싹을 틔웁니다. 도시와 농촌, 사람과 사람 사이의 틈을 콘텐츠로 메우려 했던 저의 노력을 알아봐 주셔서 감사합니다.

—귀농의신_안영주 PD

방송 10년, 저를 버티게 한 건 대단한 목표가 아니라 채팅창에 올라오는 사소한 안부들이었습니다. 작가님은 그 소란스럽고 따뜻한 우리만의 세계를 '관계의 설계'라는 멋진 말로 풀어주셨네요. 랜선 너머의 온기가 그리운 분들에게 이 책은 다정한 친구가 되어줄 거예요.

—말괄량이 박삐삐_박선민

국경을 넘어 사람의 마음을 얻는 데 정해진 공식이 있을까요? 이 책은 외국인의 시선으로 한국을 다시 바라보고, 그 낯선 시선이 관계가 되고 공간이 되어, 결국 '아지트'가 되기까지 제가 거쳐온 과정을 차근히 복기해 줍니다.

—크리에이티브 덴_대용

우리는 종종 성공을 '알고리즘의 선택'이라 부르지만, 사실은 선택받은 것이 아니라 미리 설계해 둘 수 있다는 깨달음을 주는 책입니다.

시간을 쪼개고, 자아를 다듬고, 관계를 축적하며 끝내 자신만의 판을 만든 사람들. 이 책은 그 과정을 감각적인 사례가 아닌, 설계와 실행의 언어로 정리해 냈습니다.

나만의 판을 제대로 설계하고 싶은 사람에게 자신 있게 권합니다.

—제이키아웃, 뷰바_연제민 대표

1분의 영상을 위해 10시간을 쏟아붓고, 단 1초의 지루함도 없애기 위해 100번의 재수정을 거치는 크리에이터들의 집요하고도 고독한 싸움. 그들에 대해 수십 번 인터뷰하고 수백 번 고찰을 거친 이희대 작가님이 그 치열하고도 비밀스러운 과정을 흥미롭게 풀어냈습니다. 『호모 인플루언서』는 그야말로 영상 편집이라는 마법 뒤에 숨은 크리에이터들의 생존 전략을 집요하게 파고든 책입니다.

—지무비, 나현갑

방송국 밖 야생에서 지식인들을 위한 무대를 짓는 일, 그 막막했던 도전을 작가님은 '설계'라는 언어로 명쾌하게 정리해 주셨습니다. 기획자를 꿈꾸는 이들께 필독을 권합니다.

창작 활동을 하면서 나름의 가치관을 가지고 임했지만 문장으로 정리해 본 적은 없었습니다. 교수님과의 대화로 크리에이터로서 제 가치관을 정리할 수 있었습니다. 몸으로 부딪치고 본능적으로 임했던 그 이야기를 교수님의 문장으로 정리한 책입니다.

불과 10여 년 만에 미디어 산업에 지각변동이 일어나고 그로 인해 파생된 인플루언서라는 직업이 이제는 주류가 된 시대에 우리는 살고 있습니다.

오랜 시간 미디어 산업에 종사해 왔던 저자가 뉴미디어를 연구하고 그에 맞는 방법과 시각으로 풀어낸 이야기 『호모 인플루언서』. 글로벌 최초, 국내 최대 뉴미디어 플랫폼 SOOP(구 아프리카TV)이 어떤 서비스 철학과 운영 마인드를 가지고 있는지 진솔하게 담아냈습니다.

더불어 CEO로서 회사 경영에 대한 제 생각이나 전략이 담긴 이 책을 독자 여러분께 추천합니다.

호모 인플루언서(Homo Influencer)의 탄생

평범한 개인이 세상을 움직이는 다섯 가지 설계도

"텔레비전에 내가 나왔으면…." 동요 속 꿈이 현실이 된 시대
6년, 70명, 2,000일의 기록…. 카메라 밖에서 목격한 치열한 생존기
그들은 특별한 '운'을 타고난 것이 아니라, 탁월한 '도구'를 설계했다

어린 시절, 누구나 한 번쯤 흥얼거려 봤을 동요가 있다. "텔레비전에 내가 나왔으면 정말 좋겠네, 춤추고 노래하는 예쁜 내 얼굴…." 불과 20년 전만 해도 이 노랫말은 선택받은 소수만이 꿀 수 있는 막연한 꿈이었다. 방송은 거대 자본과 시스템을 가진 방송국만이 송출할 수 있는 성역이었고, 대중은 그저 브라운관 너머의 세상을 동경하며 바라보는 수동적인 관객에 불과했다. 하지만 스마트폰이라는 작은 기기가 인류의 손에 쥐어지면서 견고했던 미디어의 성벽은 무너지기 시작했다. 어린 시절 흥얼거리던 동요 속의 꿈은 이제 현실

을 넘어 거대한 산업이 되었다. 2025년 교육부 조사 결과, 초등학생들이 꼽은 장래 희망 3위는 의사도, 판사도 아닌 '크리에이터'였다.

우리는 지금 인류 역사상 가장 급격하고도 거대한 소통의 혁명 한가운데 서 있다. 호모 사피엔스가 도구를 사용하여 문명을 만들었다면, 지금의 신인류는 스마트폰과 플랫폼이라는 도구를 통해 영향력을 만드는 '호모 인플루언서Homo Influencer'로 진화하고 있다. 지상파 방송국의 매출을 이미 뛰어넘은 5.5조 원 규모의 시장. 누구나 스마트폰 하나로도 방송국을 차리고 스타가 될 수 있는 세상. 표면적으로 보면 지금은 단군 이래 개인이 성공하기 가장 좋은 '기회의 시대'처럼 보인다.

하지만 지난 6년, 미디어학자로서 70여 명의 톱 크리에이터들을 인터뷰하며 내가 목격한 현장의 진실은 달랐다. 그곳은 낭만적인 꿈의 무대가 아니라, 준비되지 않은 자는 소리 소문 없이 사라지는 냉혹한 야생이다.

최근의 국세청 통계는 이 시장의 잔혹한 현실을 적나라하게 보여준다. 상위 1%의 크리에이터는 연평균 13억 원을 벌어들이지만, 하위 50%의 연 소득은 2,000만 원, 즉 최저임금 수준에도 미치지 못한다. 사업자 등록한 크리에이터의 86%는 직원도 없이 고군분투하는 영세 사업자다.

더 큰 위기는 기술의 발전과 함께 찾아왔다. 유튜브 CEO 닐 모한Neal Mohan은 '누구나 영상을 올릴 수 있는 세상'을 예고했고, 실제로 크리에이터의 92%가 생성형 AIArtificial Intelligence(인공지능) 도구를 사용하고 있다. 과거에는 '편집 기술'이 진입장벽 역할을 했지만, 이제는 손쉬운 AI 도구가 등장하며 마우스 '딸깍' 한 번으로 10분 만에 영상을 만들어 내는 세상이 되었다.

이것은 무엇을 의미하는가? '기술이 부족해서 못 한다'는 핑계가 통하지 않는 시대이자, 당신의 경쟁자가 기하급수적으로 쏟아져 나오는 '무한 경쟁'의 시대가 열렸다는 뜻이다. 플랫폼은 마치 카지노처럼 판을 깔아주고 수수료를 챙기지만, 그 위에서 춤추는 개인들은 AI라는 거대한 파도와 수천만 명의 경쟁자 사이에서 익사할 위기에 처해 있다.

그렇다면 우리는 이대로 AI에 밀려나게 될 것인가? 역설적이게도 AI 기술의 정점에 이르렀다는 사실은 우리에게 '왜 호모 인플루언서가 되어야 하는가'에 대한 가장 강력한 이유를 제공한다.

전문가들은 AI가 인간의 지식 노동을 대체하는 것에 이어, 로봇과 결합한 '피지컬 AIPhysical AI'가 육체노동까지 대체하는 '특이점Singularity'이 3년 내에 올 것이라 예견한다. 지식 노동과 육체노동, 인간이 해오던 두 가지 생산 활동이 AI로 대체되는 순간, 인류에게는 '압도적인 여가 시간'이 주어질 것이다.

노동 시간이 줄면, 필연적으로 '노는 시간'이 늘어난다. 생존을 위한 '필수재Needs'의 시대가 가고, 즐거움을 위한 '사치재Wants'와 엔터테인먼트의 시대가 폭발적으로 열리는 것이다. 그렇다면 이 거대한 콘텐츠 소비의 파도 속에서 대중이 선택하는 정보원은 과연 무엇일까? 1초 만에 생성된 AI의 매끈한 영상일까, 아니면 땀 냄새 나는 인간미가 녹아 있는 영상일까? 당장 내가 구독한 채널 중 AI가 양산한 영상을 올리는 채널이 있는지, 혹 앞으로 구독할 의향은 있는지 스스로에게 질문을 던져보시라.

우리는 이미 답을 알고 있다. 기술이 발전할수록 대중은 역설적으로 '더욱더 사람 냄새나는 연결'을 갈망한다. 정보의 정확성은 AI가 앞설지 몰라도, 신뢰와 공감, 맥락을 만들고 관계를 맺는 것은 여전히 인간 고유의 영역이기 때문이다. 이것이 바로 노동의 종말을 고하는 AI 시대에, 우리가 기계와의 경쟁을 멈추고 '나만의 영향력을 가진 사람Influencer'이 되어야만 하는 이유다.

이 기회를 잡기 위해 우리는 어떤 인간형이 되어야 하는가? 나는 그 답을 '빌더Builder'라는 개념에서 찾았다. 이는 아마존과 같은 글로벌 기업이 추구하는 인재상이자, AI 시대의 생존 공식이다.

단순히 시키는 일을 열심히 하거나 영상을 기계적으로 업로드하는 '실행자Executor'는 더 이상 살아남을 수 없다. 그들의 일은 AI가 100배 더 빠르고 정확하게 대체할 수 있기 때문이다. 반면, 살아남는 이들은 도구Tool를 잘 다루는 것이 아니라 '무엇을 해결할 것인가'를 질문하며 판 전체를 기획하는 '설계자'들이다.

1. 6년의 필드워크: 카메라 뒤에서 발견한 '설계자'들

저자는 지난 6년간, 이 혁명의 최전선에 있는 사람들을 만나왔다.

<디지털타임스> 칼럼 [희대의 NOW 구독중]을 연재하며 내가 만난 '호모 인플루언서'들은 단순한 '유튜버'가 아니라 바로 1인 미디어라는 거친 야생에서 자신만의 생존 방식을 터득하고, 대중의 마음을 움직여 거대한 팬덤을 구축한 설계자들이다.

화면 속 그들은 언제나 유쾌하고 화려해 보이지만, 카메라가 꺼진 뒤 마주한 그들의 얼굴은 치열하게 고민하는 직업인 혹은 고독한 예술가의 그것이었다. 10년 넘게 채널을 지킨 '대생이'는 군 입대라는 공백기조차 도파민 디톡스의 시간으로 설계했고, 새벽 3시의 독서 루틴을 지킨 '이권복'은 시간을 축적해 베스트셀러 작가가 되었다. 공개 코미디 프로그램이 사라진 절망적인 상황에서도 유튜브에 자신들만의 극장을 지어 올린 '킥서비스'는 위기를 기회로 바꾼 혁신적인 건축가들이었다.

이들의 이야기를 들으며 한 가지를 확신하게 되었다. 이들의 성공은 결코 우연이나 '알고리즘의 간택' 덕분이 아니라는 것이다. 그들은 철저히 시간을 관리하고 대체 불가능한 자아를 구축했으며, 팬들과의 관계를 촘촘히 다지고 자신만의 무대를 세웠을 뿐만 아니라, 기존의 규칙을 파괴하며 새로운 길을 개척해 나간 '설계자'들이었다.

2. 호모 인플루언서를 만드는 다섯 가지 도구

이 책은 단순히 '유튜버가 되어 돈 버는 법'을 알려주는 실용서가 아니다. 오히려 6년의 세월, 70명의 인터뷰, 2,000일의 기록을 통해 추출한 이 시대가 요구하는 새로운 인간형, 즉 '자신의 영향력을 스스로 주도하고 설계하는 삶'에 대한 인류학적 보고서이자 '호모 인플루언서의 생존 설계도'다. 내가 만난 수많은 인플루언서들이 공통적으로 손에 쥐고 있었던 다섯 가지 도구를 통해, 그 영향력의 비밀을 풀어보고자 한다.

- 1부: 시간을 설계하는 사람들(Time)

물리적인 24시간을 쪼개고 압축하여, 성실함을 무기로 '직업으로서의 크리에이터'를 증명한 사람들의 이야기다. JM처럼 1일 1 영상 업로드 약속을 지키기 위해 길바닥에서도 카메라를 켜는 실행력, 다이아언니처럼 1분 1초를 경영하는 CEO로서의 시간 관리 기술을 통해 우리는 시간의 주인이 되는 법을 배운다.

- 2부: 자아를 설계하는 사람들(Self)

기술보다 중요한 것은 '나다움'이다. 솔직함과 진정성으로 대체 불가능한 브랜드가 된 이들의 전략을 탐구한다. 얼굴을 드러내지 않고 목소리와 그림만으로도 위로를 전하는 이연, 버추얼 아바타Virtual Avatar[1] 뒤에서 오히려 더 진솔한 자아를 드러내는 빙밍 등의 사례를

---

1   버추얼 아바타(Virtual Avatar): 사용자의 움직임과 표정을 실시간으로 투영하는 3D 가상 캐릭터를 말한다. 물리적 제약을 넘어 디지털 공간에서 사용자의 정체성을 대신 표현한다.

통해 진정한 '나다움'이 무엇인지 탐구한다.

• 3부: 관계를 설계하는 사람들(Relationship)

단순한 조회 수 사냥이 아니라, 팬들과 단단한 연대를 맺으며 '사람'을 남기는 관계의 기술을 배운다. 화려한 프로게이머의 칭호를 내려놓고 팬들과 '동네 형'처럼 소통하며 관계를 재설계한 스맵(송경호), 도시와 농촌을 잇는 커뮤니티를 만든 귀농의신(안영주)의 이야기 등에서 사람을 향한 진심이 어떻게 영향력이 되는지를 목격한다.

• 4부: 무대를 설계하는 사람들(Stage)

'주어진 무대가 없다면 스스로 무대를 짓는다.' 플랫폼의 기능을 넘어 자신만의 생태계를 만든 기획자들의 이야기다. 낯선 거리를 실험실로 만든 제이키아웃JAYKEEOUT, 방송국 밖에서 지식인들의 토크 쇼장을 만든 유재룡 PD 등의 사례를 통해 플랫폼을 도구로 활용하는 법을 배운다.

• 5부: 규칙을 다시 쓰는 사람들(Rule)

기존 산업의 문법을 파괴하고, 새로운 비즈니스 규칙을 만들어 시장을 리드하는 혁신가들을 만난다. 일본이라는 타국에서 한국인의 시각으로 정보의 규칙을 만든 박가네ぱく家, 별풍선이라는 선물 경제를 통해 누구나 주인공이 되는 생태계를 만든 정찬용 전 SOOP 대표 등의 혁신을 만난다.

3. 당신은 어떤 영향력을 설계할 것인가?

이 책의 마지막 장(에필로그)에서는 이 다섯 가지 도구를 모두 완벽하게 사용하여 전 세계 미디어 지형을 뒤흔든 '미스터비스트MrBeast'의 사례를 통해, 영향력 설계의 정점End Game을 확인하게 될 것이다. 하지만 그 거대한 성공을 이야기하기 전에, 우리는 먼저 우리 곁에서 치열하게 고민하고 땀 흘린 한국의 크리에이터들을 만나야 한다. 미스터비스트가 '완전체'라면, 이들은 우리에게 '가능성'을 보여주는 살아있는 증거이기 때문이다.

우리는 모두 스마트폰을 쥔 잠재적인 '호모 인플루언서'다. 당신은 타인의 영향력 아래 머무는 소비자로 남을 것인가, 아니면 당신만의 시간과 이야기를 통해 세상에 새로운 영향력을 설계하는 생산자, 당신만의 설계도를 가진 '대체 불가능한 호모 인플루언서'가 될 것인가.

AI가 모든 것을 마우스 '딸깍' 한 번으로 해결해 주는 세상에서, 역설적으로 가장 필요한 것은 기계가 가질 수 없는 당신만의 '설계Design'다. 도구는 이미 당신의 손안에 있다. 이제 그 도구로 무엇을 지을지, 설계도를 펼치고 '호모 인플루언서'들의 세계로 로그인할 시간이다.

목차

▶ 1부 시간을 설계하는 사람들(Time)

 **2부 자아를 설계하는 사람들(Self)**

 **3부 관계를 설계하는 사람들(Relationship)**

1부

시간을 설계하는 사람들
(Time)

대생이

유튜버가 직업임을 증명하다, 시간을 납품하는 '대생이'

'공대생 변승주'에서 '대생이'로, 이름을 바꾸며 자란 세대의 초상

퇴로를 끊고 마주한 '직업인'의 무게

"저는 제 채널에 영상을 납품하는 외주 제작사 PD입니다"

2010년대 중반, 대한민국 사회에서 "유튜버가 과연 직업이 될 수 있는가?"라는 물음은 일종의 무모한 도전, 혹은 철없는 치기로 치부되곤 했다. 그 불확실한 안개 속에서 한 공대생이 카메라를 켰다. 그로부터 약 12년이 지난 2026년 현재, 그는 생태계의 유물로 남은 '화석'이 아니라, 여전히 트렌드의 최전선에서 '이과 감성'의 정점을 보여주는 독보적인 현역이다. 그의 12년은 단순히 영상이 쌓인 물리적 시간이 아니다. 그리고 그 영상들에 담긴 기록은 한 소년이 청년으로, 그리고 한 분야를 책임지는 어엿한 직업인으로 성장하는 과정을 촘촘하게 기록한 인류학적 다큐멘터리와 같다.

그의 성장은 채널명의 변화를 통해 시대와 호흡한다. 가수가 되고 싶어 무작정 상경해 '남고딩의 일상'을 기록하던 소년은 대학 진학 후 '공대생 변승주'로 이름을 알렸고, 군 복무를 거쳐 이제는 한결 친근하면서도 단단해진 '대생이'라는 이름으로 우리 곁에 있다. 삶의 단계가 바뀔 때마다 옷을 갈아입듯 채널명을 바꾼 이 이력은, 미디어 심리학에서 말하는 '준 사회적 상호작용Parasocial Interaction'[2]의 전형을 보여준다. 시청자들은 화면 속 페르소나Persona[3]의 성장을 지켜보며, 마치 가족이나 오랜 지인의 인생 여정에 동참하는 듯한 깊은 유대감을 공유하게 된 것이다. 2017년 그가 제안했던 '댓글로 탑 쌓기' 영상에 지금까지도 100만 개가 넘는 댓글이 이어지고 있다는 사실은, 그가 설계한 '시간의 축적'이 얼마나 강력한 팬덤의 성지로 기능하는지를 증명한다.

명문대 타이틀을 과감히 버리고 서강대학교 자퇴를 결심했을 때, 그가 마주한 것은 '퇴로 없는 전장'이었다. 당시 인기 크리에이터 '대도서관'의 수익 기사를 부모님께 보여드리며 겨우 허락을 구했던 그 이면에는, "이제는 이 길로 평생 살아야겠다"라는 20대 청년의 비장

---

2   준 사회적 상호작용(Parasocial Interaction): 미디어 속 인물과 실제로 교류하지 않음에도 친밀한 관계를 맺고 있다고 느끼는 현상을 의미한다. 영국 케임브리지 영어사전에서 2025년 올해의 단어로 선정되었다.

3   페르소나(Persona): 본래 고대 로마 극장에서 쓰던 '가면'을 의미한다. 현대에 들어와 외부 세계에 보여주는 '사회적 인격(심리학)'이나, 영화감독의 분신과도 같은 '상징적 배우'를 지칭하는 용어로 정착되었다. 최근에는 소셜 미디어나 버추얼 등 디지털 환경에서 개인이 전략적으로 구축한 '디지털 자아'를 뜻하는 핵심 키워드로도 활용된다.

한 각오가 숨어 있었다. 학교라는 안전망을 스스로 끊어내자, 취미는 치열한 생존의 도구가 되었고 영상은 곧 그의 삶 자체를 증명하는 매개체가 되었다. 누적 조회 수 약 20억 뷰, 구독자 약 345만 명이라는 압도적인 수치는 이러한 절실함이 빚어낸 시간 설계의 결과물이다.

주목할 점은 그가 스스로를 화려한 '스타'가 아닌 '외주 프로듀서'라 정의한다는 사실이다. "기획부터 촬영, 편집, 마케팅까지 다 혼자 합니다. 저는 '대생이'라는 채널에 영상을 납품하는 직장인이에요." 이 정의는 그가 유튜브라는 거대 플랫폼에 매몰되지 않고, 자신의 창작 활동을 철저히 객관화(타자화)하여 경영하려는 프로의 태도를 보여준다. 그는 조회 수의 폭발적인 화력에 도취하기보다, 어떻게 하면 이 일을 '지속 가능하게' 이어갈 수 있을지를 고민하는 시간 설계자다.

특히 숏폼Short-form, Shorts 콘텐츠가 지배하는 현재의 미디어 환경에서 그의 전략은 매우 분석적이고 냉정하다. '숏폼은 조회 수당 0.02원 수준'이라는 제작 현장의 수치를 정확히 파악하면서도, 트렌드에 뒤처지지 않기 위해 그는 '10분짜리 롱폼Long-form 영상을 만들 때 1분짜리 쇼츠 10개를 만든다는 생각으로 말뚝을 박듯' 영상을 기획한다. 이는 단순히 감에 의존하는 것이 아니라, 1분 단위로 시청자의 시선을 붙잡아 두려는 철저히 계산된 노동과 전략의 산물이다.

무한 경쟁의 루프 속에서 그를 구원한 것은 역설적으로 '군 입대'라는 강제된 멈춤의 시간이었다. 그는 이를 '도파민 디톡스Dopamine Detox[4]라 불렀다. 24시간 내내 댓글과 조회 수, 타인의 반응에 뇌가

절여져 있던 그에게 스마트폰과 격리된 군 생활은 머리를 맑게 비우는 휴식처가 되어주었다. 그는 군 복무를 통해 '하고 싶은 일을 하며 산다는 것이 얼마나 큰 기적이고 축복인지'를 객관적으로 확인했고, 이는 복귀 후 더욱 단단해진 '메타인지Metacognition[5]로 발현되었다. "흐름을 만들 수 없다면 흐름을 타야 한다"라는 그의 깨달음은, 12년 차 크리에이터가 도달한 겸손하면서도 강력한 생존 법칙이다.

전역 후 그는 '72시간 게임 실험'과 같은 극한의 도전을 멈추지 않으면서도, 동시에 규칙적인 수면과 운동 시간 설정 등 건강한 루틴을 사수하는 데 사활을 건다. 그에게 이제 조회 수보다 중요한 것은 '지속 가능한 정신 상태'를 유지하는 것이다. 12년 차 크리에이터 변승주가 얻은 결론은 화려한 편집 기술이 아니라 '건강한 일상이 곧 콘텐츠의 수명'이라는 평범한 진리였다. 대생이의 시간은 여전히 현재진행형이며, 그는 유튜버라는 직업으로 평생을 살아내는 법에 대한 거대한 실험을 지금도 이어가고 있다.

---

4   도파민 디톡스(Dopamine Detox): 스마트폰·SNS·영상 등 즉각적인 보상 자극을 일정 기간 차단해 집중력과 동기 체계를 회복하려는 자기 관리 개념으로, 의학적으로 확립된 용어는 아니다. 국내에서는 '도파민 단식'이라는 표현으로도 불린다.

5   메타인지(Metacognition): 자신의 사고 과정과 이해 수준을 스스로 인식하고 점검하는 능력을 뜻하는 심리학 용어이다. 흔히 '생각에 대해 생각하는 능력'으로 설명된다.

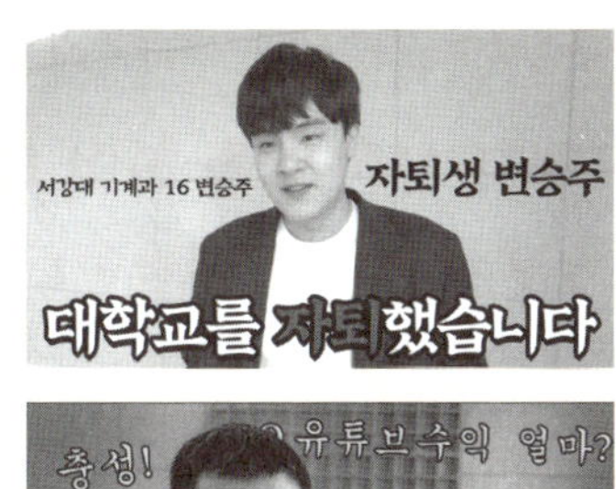

[사진 출처: 〈디지털타임스〉 박동욱 기자, '대생이' 유튜브 채널 갈무리]

구독자 약 345만 명, 누적 조회 수 약 20억. 명실공히 대형 유튜버라 할 만하다. 그런데 대생이 채널의 변승주 크리에이터는 자신을 외주 프로듀서에 비유했다. 그는 기획부터 촬영, 편집, 마케팅까지 전 과정을 혼자 담당하는 PDProducer이자, 자신의 채널에 출연하는 크리에이터이며 동시에 외주 프로듀서라고 자신을 소개했다. 그는 단지 직업이 유튜버일 뿐, 20대 후반과 30대 초반을 살아가는 평범한 대한민국 청년 중 한 사람이고 또래들도 역시 치열하게 열심히 살고 있다고 강조했다.

"하고 싶은 일을 하며 사는 건,
고통스럽지만 행복합니다"

이희대 저도 2014년 '남고딩' 시절부터 봐왔는데, 벌써 10년이 넘었습니다. 처음엔 가수가 꿈이었다고요?

대생이 맞아요. 인디밴드 가수가 되고 싶어 무작정 상경했어요. 지방에서는 기회가 없으니 홍대 근처라도 가려면 일단 인 서울 대학은 가야겠다 싶어 서강대 공대에 들어갔죠. 처음엔 페이스북Facebook에 영상 올리는 게 유명해지는 지름길이라 생각했는데, 하다 보니 밴드에서 노래하는 것보다 영상 만드는 게 훨씬 재밌더라고요. 제 20대가 유튜브에 고스란히 담겨 있는 셈이죠. 결정적인 계기는 당시 대도서관 님의 수익 기사를 본 거였어요. "아, 이게 직업이 될 수도 있구나." 싶어서 부모님을 설득했고, 학교를 자퇴하며 퇴로를 끊었죠. 그때부터는 취미가 아니라 생존을 위한 '직업'이 되었습니다.

이희대 군 휴가 때 햄버거 가게에서 겪은 일이 다시 카메라 앞에 서게 된 큰 힘이 되었다고 들었습니다.

대생이 잊을 수 없는 순간이에요. 알바생분이 제 게임 영상을 다 봤다며 콜라를 서비스로 주셨어요. 제가 게임 전문가도 아닌데 그냥 '오빠 영상이라서 다 봤다'는 그 말이 단전에서부터 뜨거운 감동으로 올라왔어요. 사실 입대 전에는 번아웃이 심하게 와서 그만두고 싶다는 생각도 했거든요. 그런데 그 콜라 한 잔이 "내가 쏟은 시간이 누군가의 일상에 닿아있구나"라는 걸 확인시켜 준 기적 같은 순간을 안겨주었죠. 군대 시절이 제게는 오히려 '도파민 디톡스'의 시간이었습니다. 24시간 자극에 노출된 뇌를 쉬게 해주니, 하고 싶은 일을 하며 산다는 게 얼마나 큰 축복인지 깨닫게 되더라고요.

이희대 '72시간 밤샘 게임 챌린지' 같은 영상은 정말 고통스러워 보이던데, 후회하진 않나요?

대생이 진짜 무서웠어요. 60시간이 넘어가니 환청이 들리더라고요. [웃음] '다시는 하지 말아야지.' 싶으면서도, '이게 내 직업이지'라는 생각이 동시에 들어요. 창작의 고통과 행복은 늘 공존하더라고요. 이제는 그 고통마저 직업의 일부로 받아들이고 있습니다. 저는 흐름을 만드는 천재는 아니에요. 대신 "흐름을 만들 수 없다면 흐름을 타야 한다"라는 메타인지를 갖게 됐죠. 지금 시장에서 유행하는 것을 제 스타일로 해석해 대생이만의 색깔로 보여주는 것, 그게 제 생존 방식입니다.

이희대 숏폼 시대에 적응하는 것도 1세대 유튜버로서 쉽지 않은 과제였을 텐데요.

대생이　솔직히 수익만 따지면 숏폼은 조회 수당 0.02원 수준이라 제작비 건지기도 빠듯해요. 하지만 트렌드를 무시할 순 없죠. 그래서 저는 10분짜리 롱폼 영상을 만들 때 "1분짜리 쇼츠 10개를 이어 붙인다"는 생각으로 만들어요. 1분마다 시청자를 붙잡을 '말뚝'을 박는 거죠. 쇼츠가 대세가 되면서 시청자들의 호흡이 빨라졌다는 걸 인정하고, 편집의 밀도를 그만큼 높이는 전략을 쓰고 있습니다.

이희대　매일 규칙적인 루틴을 지키려 노력하는 특별한 이유가 있나요?

대생이　모델들이 몸매 관리를 하듯, 크리에이터는 정신과 컨디션을 관리해야 한다고 생각해요. 제가 피곤하면 시청자분들이 귀신같이 알아채거든요. '잠자는 시간이 조회 수보다 중요하다'는 건 10년 동안 몸으로 배운 생존 전략입니다. 저는 저를 '스타'라고 생각하지 않아요. 저는 '대생이'라는 채널에 영상을 납품하는 '외주 제작사 PD'이자 '직장인'입니다. 기획, 촬영, 편집, 마케팅까지 혼자 다 하는 1인 기업이니까, 사장인 제가 건강해야 납품 기일을 맞출 수 있죠. [웃음]

이희대　크리에이터를 꿈꾸는 이들에게 꼭 해주고 싶은 말이 있다면요?

대생이　'유튜버' 자체가 목표가 되어서는 안 된다고 봐요. 개그맨이

꿈인데 유튜브를 무대로 쓰는 식이어야지, 유튜버가 꿈이면 금방 지칩니다. 자기가 좋아하는 분야나 잘하는 것에 유튜브라는 무대를 얹는 방식이어야 합니다. 남들보다 두세 배는 더 치열하게 살아야 하지만, 간절함만 있다면 그 고통마저 충분히 행복으로 바꿀 수 있습니다. 저도 평생 이 일을 할 수 있길 기도하며 하루하루 영상을 '납품'하고 있습니다.

성장읽기

새벽 3시의 기적, 시간을 축적해 '성장'으로 바꾼 남자

도서관 대출 1위의 괴짜 경영학도, 북튜버가 되다

하루에 책 한 권을 세 번 읽는 독한 루틴의 힘

"조회 수는 보너스일 뿐, 목적은 나의 성장입니다"

혁신가이자 다독가로 유명한 일론 머스크Elon Musk는 "로켓 만드는 법을 어떻게 배웠느냐"는 질문에 단 세 단어로 답했다. "나는 책을 읽는다(I read books)." 그는 평생 이틀에 한 권꼴로 1만 권 이상의 책을 읽으며 그 지식을 우주 시대를 여는 상상력의 원천으로 삼았다. 영상의 시대라고 하지만, 인류의 지식을 집대성한 '책'의 힘은 여전히 강력하다. 모두가 스마트폰 스크롤에 매몰된 시대, 역설적으로 그 '책 읽는 시간'을 붙잡아 자신의 삶을 설계한 '호모 인플루언서'가 있다. 바로 9년째 매일 책을 소개하고 있는 북튜버, '성장읽기' 채널의 이권복이다.

그의 이야기는 서강대학교 로욜라 도서관에서 시작된다. 남들이 토익 점수와 자격증 스펙 쌓기에 매달릴 때, 그는 3년 연속 '도서관 최다 대출상'을 거머쥐었다. 시험 기간이라 도서관이 텅 비면 인기 있는 신간을 마음껏 빌릴 수 있어 오히려 기뻐했다는 이 '활자 중독자'는 졸업 후 모두가 예상한 기업 입사 대신, 1평 남짓한 방에서 카메라를 켰다. 그에게 유튜브는 취업의 대안이 아니라, 자신이 가장 좋아하는 '독서'라는 행위를 지속하기 위한 생존의 무대였다.

그의 시간은 남들보다 조금 일찍, 그리고 아주 밀도 있게 시작된다. 매일 새벽 3시 기상. 10년 가까이 지켜온 이 기상 시간은 그가 시간을 지배하는 제1원칙이다. 남들이 깊은 잠에 빠진 시간에 그는 출근하여 전날의 촬영본을 편집하고 하루의 지식을 수확한다. 2017년 채널 개설 이후 지금까지 업로드된 영상은 2,100개가 넘는다. 주말과 공휴일을 제외하면 거의 매일 하루 한 권의 책을 읽고 영상으로 만들어 올린 셈이다. 이 경이로운 지속성은 단순히 성실함만으로는 설명되지 않는다. 그것은 철저하게 계산된 '성장 설계'의 산물이다.

그는 자신의 시간 관리 비법을 '하루에 책 한 권을 세 번 읽는 것'이라고 정의한다. 첫째, 눈으로 책을 읽으며 지식을 흡수한다Input. 둘째, 읽은 내용을 블로그에 글로 정리하며 사유를 정돈한다Process. 셋째, 정리한 내용을 바탕으로 직접 말하고, 이를 영상으로 기록하며 지식을 체화한다Output. 그에게 유튜브는 단순한 방송 플랫폼이 아니라, 자신이 흡수한 지식을 온전히 내 것으로 만드는 '수행의 도구'이다. "영상을 찍음으로써 나는 책 한 권을 세 번 읽게 된다. 설령 조회 수가 0이 나와도, 나는 오늘 책 한 권만큼 성장했다. 조회 수와 수익은 그 뒤에 따라오는 보너스일 뿐이다." 이 단단한 철학이 있었기에, 그는 알고리즘의 선택을 받지 못했던 초기 수년간의 무명 시절을 지치지 않고 건널 수 있었다.

축적된 시간은 그를 배신하지 않았다. 유튜브 '성장읽기'를 통해 다진 내공은 그를 독자에서 4권의 책을 쓴 베스트셀러 작가로 만들어주었고, 성공한 이들의 강연을 찾아 듣던 수강생에서 이제는 수많은 청중 앞에 서는 인플루언서로 성장시켰다.

특히 그는 경제적 자유와 행복한 은퇴를 지향하는 채널 '너와 나의 은퇴학교'를 구독자 약 70만 명에 육박하는 대형 채널로 안착시키며, 자신의 성장을 넘어 타인의 삶을 설계하는 조력자로 진화했다.

주목할 점은 그의 채널이 이제 신간 작가들이 가장 출연하고 싶어 하는 '지식인의 등용문'이 되었다는 사실이다. 인지도는 낮지만 좋은 지식과 정보를 보유한 훌륭한 신진 작가들을 기꺼이 발굴하여 세상에 소개하는 그의 모습은, 미켈란젤로가 보이지 않는 천장 뒷부분까지 정교하게 조각하며 예술가로서의 진정성을 지켰던 것과 닮았다. 누가 알아주지 않아도 스스로 즐거워야 경지에 이른다는 진리를 그는 매일 새벽 3시의 고독 속에서 증명하고 있다.

이권복에게 시간은 흘러가서 사라지는 소모품이 아니다. 그것은 매일 한 권의 책처럼 차곡차곡 쌓여 '나'라는 성전을 완성해 가는 가장 확실한 자산이다. 그는 말한다. "미래를 위해 현재를 희생하지 마세요. 오늘 하루 내가 할 수 있는 일에 집중하며 성장하는 것, 그것이 가장 완벽한 노후 준비입니다."

그의 성장은 오늘도 현재 진행형이며, 그가 설계한 시간의 밀도는 여전히 두텁고 단단하다.

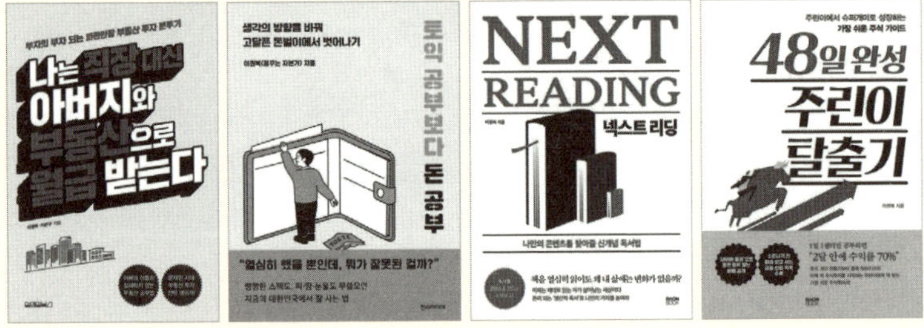

[사진 출처: 〈디지털타임스〉 박동욱 기자, '이권복' 저자의 책들]

유튜브 채널 '성공읽기'와 '너와 나의 은퇴학교'를 운영하는 이권복 작가는 9년간 매일 책을 소개하며 내공을 쌓아왔다. 이 꾸준한 기록은 전문 서적 4권의 출간으로 이어졌고, 한때 유명인 강의를 찾아 듣는 수강생이었던 그는 이제 작가이자 인플루언서로서 사람들 앞에 서는 성장 스토리의 주인공이 되었다.

"나의 성장을 위해 쏟은 시간은
절대로 나를 배신하지 않습니다"

이희대 2016년 겨울, 제가 진행했던 '1인 크리에이터 양성 전문 교육 과정'에서 처음 뵈었을 때가 기억납니다. 그때 참 차분하셨던 걸로 기억하는데, 사실 카메라 앞에 서는 걸 무척 힘들어하셨죠?

이권복 맞습니다. 사실 저는 사진 찍는 것도 싫어해서 졸업 사진조차 안 찍었던 사람이었어요. 그런 제가 유튜브를 한다니 주변에서도 다들 의아해했죠. 초기 영상들을 보면 제 얼굴을 아주 조그맣게 구석에 박아두고 어쩔 줄 몰라 했던 기억이 나요. 하지만 제가 정말 좋아하는 '책'에 대해 이야기하다 보니, 어느새 카메라 공포증보다 '나누고 싶다'는 마음이 더 커지더군요.

이희대 경영학과 출신인데 취업 대신 재테크와 독서에 몰입하게 된 결정적 계기가 있었다고요.

이권복 대학 시절, 아버님이 노후 자금으로 마련하신 원룸 건물이 일종의 전세 사기에 휘말렸던 적이 있어요. 그때 '내가 몰라서 당했구나'라는 뼈아픈 자책을 했죠. 그 트라우마가 저를 공부하게 만들었습니다. 부동산과 주식을 독학하며 블로그에 정리하기 시작했고, 그 기록들이 쌓여 첫 책『나는 직장 대신 아버지와 부동산으로 월급 받는다』로 이어졌습니다. 아픔이 성장의 연료가 된 셈입니다.

이희대 '너와 나의 은퇴학교' 채널이 중장년층에게 큰 인기입니다. 그런데 최근에는 본인이 직접 출연하지 않는 포맷으로 바꾸셨던데, 특별한 이유가 있나요?

이권복 두 가지 이유가 있었습니다. 하나는 '성장읽기'와 콘텐츠가 겹치는 문제를 해결하기 위해서였고, 또 하나는 시청자들의 편견 때문이었어요. "젊은 놈이 은퇴에 대해 뭘 아느냐"라는 댓글이 많았거든요. 그래서 저는 연출자의 역할로 물러나고, 각 분야의 전문가들이 독자와 직접 눈을 맞추며 이야기하는 '시민 발언대' 형식으로 바꿨습니다. 결과적으로 저보다 출연자의 이야기에 집중하게 되면서 채널이 더 폭발적으로 성장했습니다.

이희대 매일 새벽 3시에 일어나는 루틴을 8년째 지키고 계십니다. 인간으로서 느끼게 되는 본능적인 피로감은 어떻게 극복하시나요?

이권복 피곤하죠. 하지만 저에게 이 시간은 '의무'가 아니라 '자유'입니다. 누구에게도 방해받지 않고 오롯이 책과 대화할 수 있는 유일한 시간이니까요. 수익을 목표로 했다면 진작에 무너졌을 겁니다. 하지만 조회 수와 상관없이 '나는 오늘 책 한 권을 완벽히 내 것으로 만들었다'라는 효능감이 저를 매일 새벽 눈 뜨게 합니다. 성장은 절대적이지만 수익은 상대적인 것이니까요.

이희대 크리에이터로서 '롱런'하고 싶은 후배들에게 꼭 해주고 싶은 말이 있다면요?

이권복 "돈을 보고 시작하면 3개월도 못 버틴다"라는 말을 꼭 해주고 싶어요. 내가 평생 해도 지겹지 않을 소재, 내가 성장할 수 있는 방식을 찾으세요. 타인의 성공 공식을 따라 하려 하지 말고, 본인만의 '무게 중심'을 잡는 것이 중요합니다. 축적된 시간은 절대로 배신하지 않습니다. 다만 그 시간이 '나를 위한 시간'이어야만 지치지 않고 완주할 수 있습니다.

3장

JM

장르 없음이 장르, 성실한 낙천주의자가 설계하는 시간

국제 테니스 심판, 4개 국어 능력자, 카페 사장, 그리고 유튜버

'1일 1 영상'의 약속, 그 투박한 꾸준함이 만든 'JM 유니버스'

"유튜브 알고리즘보다 무거운 건, 오늘도 영상을 올린다는 자신과의 약속입니다"

"아! 쁘왕갑습니다, 여러분~! 오늘도 드류가세요~!"

정체불명의 인사말과 함께 화면 가득 기묘한 포즈를 취하며 등장하는 남자. IT 기기를 리뷰하다가 느닷없이 여행을 떠나고, 일본에서 배달 아르바이트를 하는 일상을 보여주더니, 어느 날은 강남 한복판에 카페를 차려 사장님이 된다. 채널의 정체성을 묻는 질문에 그는 매번 "나도 잘 모르겠다"라고 답하지만, 이 종잡을 수 없는 산만함이야말로 12년 차 유튜버 JM(유제민)을 지탱하는 가장 강력한 무기다.

미디어 생태계에서 특정 카테고리를 선점하는 '니치 전략Niche

Strategy[6]은 성공의 공식과도 같으나, JM은 이 공식을 정면으로 거부하며 스스로 '장르가 없는 게 장르'인 채널이라고 정의한다.

그의 콘텐츠는 테크 리뷰 채널이라기엔 너무나 인문학적이고, 브이로그Vlog 채널이라기엔 정보의 양이 방대하며, 개그 채널이라기엔 삶의 통찰이 묵직하다. 이러한 '무경계성'은 플랫폼의 알고리즘조차 가두지 못하는 독보적인 'JM 유니버스'를 탄생시켰다. 그는 단순히 영상을 찍어 올리는 사람이 아니라, 자신만의 세계관을 구축하고 그 안에서 시청자들과 실시간으로 호흡하며 살아가는 전형적인 '호모 인플루언서'이다.

그의 시간을 관통하는 가장 핵심적인 키워드는 단연 '1일 1 영상'이다. 고 퀄리티 영상과 알고리즘의 압박 속에 많은 크리에이터가 업로드 주기를 늦추며 고심할 때, 그는 오히려 매일 하나씩 영상을 올리는 정공법을 택해 12년이라는 긴 세월을 버텨왔다. 때로는 영상 길이가 수익 창출 기준인 8분에 미치지 못하면, 검은 화면을 1분 가까이 채워 넣는 이른바 '블랙 영상' 연출마저 콘텐츠로 승화시키는 뻔뻔함(?)을 보여주기도 한다. 그에게 시간은 완벽하게 다듬어야 할 예술 작품이 아니라, 투박하더라도 매일 쌓아가야 할 정직한 노동의 기록이기 때문이다.

이러한 지독한 꾸준함은 12년이라는 세월을 거치며 팬들에게 '강력

---

6   니치 전략(Niche Strategy): 경쟁이 과열된 대중 시장을 벗어나, 특정 관심사나 취향을 공유하는 제한된 집단을 대상으로 차별화된 가치를 제공하는 마케팅 전략을 의미한다. 우리말로는 '틈새 전략'이라고도 한다.

한 신뢰'라는 자산을 남겼고, 그는 이제 자신의 삶 자체가 콘텐츠가 되는 경지에 올라 직업적 연속성을 확보하고 있다.

JM의 배경을 보면 '금수저'나 '엘리트'라는 오해를 사기 쉽다. 독일 베를린 출생에 4개 국어(한국어, 영어, 일본어, 중국어)를 구사하며, 국내 최연소 국제 테니스 심판 자격증을 따 세계를 누볐기 때문이다. 그러나 실상은 다르다. 국제 테니스 심판 시절 하루 일당 4만 원을 받으며 전 세계를 떠돌았고, 악착같이 모은 돈으로 중국 북경 등의 현지 어학원에 등록해 마라탕을 먹어가며 언어를 익힌 '생계형 유목민'의 삶이 그 바탕에 있다. 그의 '낙천성'은 풍요로움에서 온 여유가 아니라, 불확실한 미래를 향해 몸으로 부딪치며 체득한 '생존 근육'이며, 어떤 장소에서든 카메라를 켤 수 있는 크리에이터로서의 기초 체력이 되었다.

약 1년 8개월 전 그가 창업한 카페 '하마커피'는 그의 설계된 시간이 오프라인으로 확장된 공간이다. 재미있는 점은 이곳을 찾는 팬들의 태도로, 일명 '샤이 팬Shy Fan'[7]이라 불리는 이들은 JM을 보고도 큰 소리로 아는 척하지 않은 채 조용한 눈빛 교환만으로 인사를 대신하고 커피를 사서 나간다. 12년 동안 화면 너머로 쌓아온 끈끈하지만 적당한 거리감, 이것이 JM이 설계한 관계의 미학이다. 그는 카페 수익이 적자가 나더라도 '유튜브가 있어서 버틴다'며 웃어넘기는데, 이는 그가 플랫폼과 비즈니스를 어떻게 유기적으로 연결하고 있는지를

---

7 샤이 팬(Shy Fan): 공개적인 반응이나 참여는 적지만, 꾸준한 시청과 소비를 통해 콘텐츠를 지지하는 팬층을 의미한다.

잘 보여준다.

　JM은 말한다. "유튜브 알고리즘을 분석할 시간에 그냥 내가 하고 싶은 걸 찍어서 올리는 게 낫다. 꾸준함이 결국 알고리즘도 이긴다." 모든 것이 데이터와 스펙으로 치환되는 시대에 그는 오히려 인간적인 성실함과 낙천적인 삶의 태도로 시간을 설계한다. 12년의 세월을 견뎌온 그의 무기는 화려한 편집 기술이 아니라, 어제보다 조금 더 나은 오늘을 기록하겠다는 단순한 약속이었다. 오늘도 그는 카메라를 들고 외친다.

　"드류가세요!"

　이 유쾌한 낙천주의자의 시간은 멈추지 않고 내일을 향해 흐른다.

[사진 출처: 〈디지털타임스〉 박동욱 기자, 'JM' 유튜브 채널 갈무리]

테크 리뷰 채널로 알려져 있지만, JM 유튜브 채널에 들어가 보면 장르나 메인 주제를 단번에 규정하기 어렵다. IT 기기 리뷰부터 일상 브이로그, 잡담과 패러디까지 콘텐츠의 스펙트럼이 무척 넓기 때문이다. 그래서 이 채널을 굳이 정의하자면, 일상을 콘텐츠로 삼아 꾸밈없이 리뷰하는 채널이라고 부르는 편이 더 정확하다. 장르가 없음이 곧 장르인 것, 그것이 JM 채널만의 가장 큰 매력이다. IT 테크 채널이라 쓰고 유머 채널이라 읽을 수밖에 없는, 장르와 경계를 가볍게 넘나드는 유튜브계의 종합 편성 채널. 그래서 더욱 나만 알고 싶은 유튜브 채널, JM이다. 이른바 'JM 스타일'에 한 번 빠지면 좀처럼 헤어 나오기 어렵다.

"절실함이 길러낸 4개 국어 능력,
그게 제 콘텐츠의 기초 체력입니다"

이희대　10년 넘게 '시조새' 유튜버로 활동 중이십니다. 처음 시작할 때 해외 사례를 많이 참고하셨다고요?

JM　2014년쯤 일본에 있을 때였는데, 유튜브에서 '유튜버가 되세요'라는 캠페인을 엄청 크게 했어요. 그때 "아, 이게 직업이 될 수 있구나"라는 걸 직감했죠. 처음에는 미국의 유명 테크 유튜버인 MKBHD(마르케스 브라운리)처럼 멋진 손만 나오는 영상을 찍고 싶었어요. 그런데 하다 보니 제가 전문적인 스펙보다는 "이 버튼이 여기 있어서 누르기가 불편하네." 같은 실사용기 위주의 '인문학적 리뷰'를 하고 있더라고요. 그러다 어느 순간 얼굴을 공개하고 제 식대로 떠들기 시작했는데, 그게 여기까지 올 줄은 저도 몰랐습니다.

이희대　4개 국어를 구사하고 국제 테니스 심판을 하신 이력이 독특합니다. 부유한 집안일 거라는 오해도 많았죠?

JM　정말 억울합니다. [웃음] 아버지가 유학 중이실 때 독일에서 태어난 건 맞지만, 집안이 부유해서 지원받은 건 아니에요. 저는 심판 일을 하며 하루 일당 4만 원 받던 시절, 그 돈을 악착같이 모아 중국 북경에 가서 자비로 학원에 다니며 말을 배웠어요. 남들이 부모님 돈으로 유학 와서 놀 때, 저는 제 돈이 아까워서라도 현지에서 마라탕 먹어가며 절실하게 배웠거든요. 그렇게 맨땅에 헤딩하며 버텨온 경험들이 지금 어떤 장소에서든 카메라를 켤 수 있는 근육이 된 것 같습니다.

이희대 '1일 1 영상' 공약 때문에 8분을 채우려고 검은 화면을 넣은 적도 있다던데, 사실인가요?

JM [웃음] 맞습니다. 영상 길이가 8분이 넘어야 유튜브 광고가 두 개 들어가거든요. 그런데 편집하다 보면 7분 10초에서 끝날 때가 있어요. 그러면 나머지 50초를 그냥 블랙 화면으로 채우거나, 길거리 풍경만 넣어서 억지로 시간을 맞추기도 했죠. 팬들이 "형, 이렇게까지 해야 해?"라고 댓글을 다시는데, 저는 그런 솔직함과 뻔뻔함이 제 채널의 매력이라고 우깁니다. 퀄리티보다는 '매일 온다'는 약속을 지키는 게 저한테는 더 중요했으니까요.

이희대 테크 유튜버이시기도 한데, 물건을 사고팔 때 불편한 점은 없으신가요?

JM 엄청납니다. 리뷰하려고 산 비싼 기기들을 중고로 팔아야 회수가 되는데, 직거래를 나가면 상대방이 저를 알아보시는 거예요. 보통 거래는 물건 확인하고 '끝'이어야 하잖아요. 하지

만 “써보고 문제 있으면 연락할게요”라고 하시는데, 제 얼굴
이 알려져 있으니 냉정하게 거절을 못 하겠더라고요. 결국
AS 센터가 될까 봐 무서워서 중고로 팔지도 못하고 집에 쌓
아둔 기기가 한가득입니다. 테크 리뷰는 정말 돈이 많이 들어
가는 ‘투자’인 셈이죠.

이희대 강남 ‘하마커피’ 사장님으로도 바쁘십니다. 자영업자로서의
고충을 자주 콘텐츠로 올리시던데요?

JM 자영업 하기 전에는 몰랐는데, 빨간날(공휴일)이 그렇게 싫을
수가 없어요. [웃음] 강남 오피스가에 있어 직장인들이 쉬면
매출이 뚝 떨어지거든요. 원둣값은 오르고 인건비는 비싼데
커피값은 못 올리는 현실을 직접 겪어보니, 자영업자분들이
얼마나 대단한지 매일 배웁니다. 팬분들이 찾아오시는데, 저
희 팬들은 특이하게 ‘샤이Shy JM’들이라 티를 안 내세요. 그냥
빵 사면서 눈빛만 흔들리죠. 그 눈빛 교환하는 재미로 버티고
있습니다.

이희대 사생활 노출에 대한 부담감은 없나요? 최근에는 개인적인 아
픔이나 수익까지 솔직하게 공개하셨는데요.

JM 유튜버가 된 이상 사생활 노출은 직업의 숙명이라고 생각합
니다. 물론 힘들 때도 있죠. 하지만 숨기려다 들키는 것보다
차라리 제가 먼저 솔직하게 얘기하고, 그걸 콘텐츠로 승화시

키는 게 'JM스러운' 방식인 것 같아요. "이런 것까지 말해?" 싶을 정도로 솔직할 때 팬들도 저를 믿어주시고요. 수익 공개도, 이별 이야기도 결국은 제 삶의 일부니까요.

이희대 12년 차 유튜버로서, 롱런의 비결을 하나만 꼽는다면요?

JM '내려놓기'입니다. 저는 제가 잘하는 건 '장르 없음'이라는 걸 알아요. 남들은 한 우물만 파라고 하지만, 저는 이것저것 다 건드려보는 게 재밌거든요. 계획을 세우기보다 "오늘 뭐 하지?" 하고 즉흥적으로 카메라를 켜는 게 저한테 맞아요. 남들을 따라 하기보다, 내가 지치지 않고 매일 할 수 있는 걸 찾는 게 롱런의 비결입니다. 10년 뒤에도 저는 아마 어딘가에서 카메라를 들고 "드류가세요!"를 외치고 있을 것 같습니다.

다이아언니

1분 1초를 경영하는 CEO의 시간, 반짝이는 것은 성실함에서 온다

"다이아 아줌마 말고 다이아 언니 하세요"

30년 차 보석 전문가가 유튜브라는 광산에서 캐낸 것

"단순하고 무식하게(Simple & Ignorant), 그것이 시간을 이기는 유일한 전략입니다"

경제학의 아버지 애덤 스미스는 '가치의 역설'을 이야기하며 물과 다이아몬드를 비교했다. 물은 생명 유지에 필수적이지만 너무나 흔해 교환 가치가 낮고, 반대로 다이아몬드는 생존에 필수적이지 않지만 그 희소성 때문에 엄청난 가치를 지닌다는 것이다. 흥미롭게도 유튜브 생태계에서도 이 원리는 유효하다. 수많은 채널이 물밀듯 쏟아져나오지만, 척박한 틈새시장인 '주얼리' 분야에서 16만 명 이상의 구독자를 모으며 '실버 버튼'이라는 희소한 보석을 캐낸 채널은 극히 드물다. 서울시 중구 무교동, 일주일에 한 번씩 스튜디오로 변신하는 한 사무실에서 30년 경력의 보석 전문가이자 유튜버인 '다이아언니(권태이)'를 만났다.

그녀가 처음 유튜브라는 낯선 광산에 뛰어든 이유는 역설적이게도 '시간을 아끼기 위해서'였다. 30년간 보석 업계에 몸담으면서 지인들에게 가장 많이 들었던 질문은 늘 똑같았다. "다이아몬드 1캐럿은 실제로 얼마나 커?", "예물은 어디서 사야 바가지 안 써?" 같은 기초적인 질문들이었다. 일반인에게는 다이아몬드의 등급이나 시세가 미지의 영역이기 때문이다. 매번 같은 설명을 반복하는 비효율을 줄이고자, "이 영상 하나만 보세요"라고 말하기 위해 카메라를 켠 것이 채널의 시작이었다. 즉, 그녀에게 유튜브는 처음부터 철저히 효율적인 커뮤니케이션 도구이자, 전문가로서의 시간을 관리하는 솔루션이었던 셈이다.

하지만 CEO로서의 바쁜 일상과 대학원 박사 과정을 밟는 만학도의 삶, 그리고 두 아이의 엄마라는 1인 다역 속에서 꾸준히 콘텐츠를 만드는 것은 물리적인 시간의 한계를 시험하는 일이었다. 그녀는 이 문제를 개인의 희생이 아닌 '시스템'으로 해결했다. 보통의 유튜버들이 기획, 촬영, 편집을 홀로 감당하며 '시간 빈곤'에 시달릴 때, 그녀는 과감하게 '어벤져스 팀'을 꾸렸다. PD, 작가, 편집자, 그리고 보석 담당 관리자로 이루어진 전문 팀을 구축하여 자신이 가장 잘할 수 있는 기획과 출연에만 집중할 수 있는 환경을 만들었다. 일주일에 한 번, 사옥 사무실은 조명과 배경 천이 깔린 스튜디오로 변신한다. 그녀는 메이크업을 한 김에 그날 몰아서 2~3편의 분량을 집중적으로 촬영하고, 나머지 시간은 경영과 학업에 온전히 쏟는다. 이는 크리에이터 활동을 개인기로 돌파하는 것이 아니라, '경영의 관점'에서 시간을 조직하고 배분한 CEO다운 전략이다.

그녀의 시간 설계는 콘텐츠가 비즈니스로 연결되는 지점에서 더욱 빛을 발한다. 단순히 정보를 제공하는 것에 그치지 않고, 구독자들이 "언니가 소개해 준 거 사고 싶어요"라고 요청할 때마다 이를 즉각적인 비즈니스 모델로 연결했다. 매주 금요일 가성비 좋은 제품을 소개하는 공동구매 콘텐츠 '다이아 프라이데이', 장롱 속에 잠든 보석의 가치를 감정해 주고 새 주인을 찾아주는 위탁 판매 코너 '다이아 전당포'는 그렇게 탄생했다. 콘텐츠를 만드는 시간이 곧 매출을 일으키는 세일즈의 시간이 되고, 구독자와 소통하는 시간이 고객 관리의 시간이 되는 '시간의 통합'을 이뤄낸 것이다.

화려한 보석을 다루지만, 그녀가 채널을 운영하는 철학은 의외로 투박하다. 그녀는 채널 초창기, 필자에게 들었던 조언인 "단순하고 무식하게Simple & Ignorant"를 금과옥조로 삼았다. 복잡한 계산이나 요행을 바라는 대신, 한번 시작하면 끝을 볼 때까지 묵묵히 밀고 나가는 우직함이다. 조회 수가 나오지 않아도, 반응이 미지근해도 그녀는 멈추지 않았다. '10년 뒤에도 썩지 않는 것이 보석'이듯, 그녀는 10년 뒤에도 남을 영상 아카이브를 쌓는다는 마음으로 지난 6년간 매주 영상을 올렸다. 그 결과 서울시로부터 주얼리 분야 우수 사례로 시장상을 받으며 그 성실함을 공인받기도 했다.

다이아언니에게 시간이란 흘러가는 것이 아니라 '연마하는 것'이다. 원석이 깎이고 다듬어져야 빛나는 나석이 되듯, 그녀는 1분 1초를 허투루 쓰지 않고 시스템 속에 가두어 경영함으로써 크리에이터와 CEO라는 두 마리 토끼를 모두 잡았다. 영상 속에서 반짝이는 것은 다이아몬드만이 아니다. 그 보석을 빛내기 위해 땀 흘리며 쌓아온 그녀의 성실한 시간이야말로, 다이아언니 채널이 가진 진짜 가치일 것이다.

[사진 출처: 〈디지털타임스〉 박동욱 기자, '다이아언니' 유튜브 채널 갈무리]

첫 콘텐츠를 선보인 2019년 이후 약 6년 동안, '다이아언니'는 주 2회 이상의 업로드를 한 번도 거르지 않았다. 이를 위해 사무실은 매주 한 차례 스튜디오로 변신한다. 성실함과 꾸준함이 크리에이터 성공의 기본 조건이라는 말은 익숙하지만, 이를 실제 행동으로 옮기는 일은 결코 쉽지 않다. 그런 점에서 '다이아언니'의 기록은 그 자체로 신뢰의 기반이 된다. 30년 경력의 전문 국제 보석 감정사가 진행하는 채널답게, 콘텐츠의 깊이 역시 남다르다. 단순한 제품 소개를 넘어 보석과 명품에 얽힌 배경과 전문 정보를 차분히 풀어내며, 채널은 어느새 '보석 백과사전'에 가까운 아카이브로 자리 잡았다.

"언니처럼 친근하게,
전문가처럼 정직하게"

이희대 처음에 채널명을 지을 때 비화가 있다고 들었습니다. 하마터면 '다이아 아줌마'가 될 뻔했다면서요? [웃음]

다이아언니 맞아요. [웃음] 처음에 좀 친근하게 다가가고 싶어서 '다이아 아줌마'로 할까 했는데, 교수님께서 "무조건 언니로 가야 한다, 지금 시작해도 늦지 않다"라고 강력하게 코칭해 주셨잖아요. 지금 생각하면 정말 천만다행이에요. 우리가 식당 가면 편하게 "이모, 언니." 부르듯이, 보석이라는 조금은 어렵고 낯선 분야를 동네 언니처럼 편안하게 알려주고 싶다는 마음을 담았습니다. 사실 유튜브를 시작한 이유는 '효율' 때문이었어요. 매장에 오시는 손님들이 "다이아몬드 1캐럿이랑 1부는 뭐가 달라요?", "어떻게 사야 바가지 안 써요?" 같은 질문을 매일 똑같이 하시는 거예요. "이걸 영상으로 찍어두고 링크만 보내드리면 되겠다"라는 생각에 시작했죠. 처음에는 순전히 업무 시간을 아끼려는 '시간 경영'의 일환이었는데, 하다 보니 여기까지 왔네요.

이희대　6년 동안 주 2회 업로드라는 살인적인 일정을 소화하고 계십니다. 회사 CEO 업무와 병행하는 게 물리적으로 가능한가요?

다이아언니　절대 혼자서는 못 합니다. 처음부터 '어벤져스 팀'을 꾸렸어요. 저는 출연자일 뿐이죠. 뒤에는 PD, 작가, 촬영 감독, 편집자, 그리고 보석 담당 과장님까지 6명 정도의 팀이 움직입니다. 저는 철저하게 시간을 '블록Block' 단위로 씁니다. 촬영 날을 정하면 그날은 하루 종일 옷과 헤어를 바꿔가며 2주 치 분량을 몰아서 찍어요. CEO로서 결재하고 미팅하는 시간과 크리에이터로서 카메라 앞에 서는 시간을 철저히 분리하고 전문가들에게 위임하는 것, 그게 제가 지치지 않고 롱런할 수 있었던 비결입니다.

이희대　주얼리 채널이면 여성 구독자 비율이 압도적일 것 같은데, 의외로 남성분들의 반응도 뜨겁다고요?

다이아언니　네, 예물을 준비하는 예비 신랑분들이 정말 많이 보세요. 보통 보석은 여자들의 영역이라 남자들은 잘 모른다고 생각하잖아요. 그런데 막상 결혼 준비를 시작하면 남자분들이 더 꼼꼼하게 공부하고 싶어 하더라고요. 제 영상을 보고 "여자 친구가 3부 다이아를 원하는데 예산은 100만 원이다, 가능하냐." 이렇게 구체적으로 묻죠. 심지어 프러포즈 성공했다고 감사 인사를 전해오는 소방관님도 계셨고, 대전에서 매주 올라오시는 열혈 시청자도 계셨어요. 제가 단순히 보석을 파는 게 아니라, 누군가의 가장 행복한 순간을 함께 준비해 주는 '조력자'가 된 기분이 들어서 정말 기쁩니다.

이희대 보석은 고가의 제품이라 온라인으로 다루기 쉽지 않은 영역입니다.

다이아언니 맞습니다. 주얼리 분야는 의사가 환자를 진단하듯 '윤리적인 정직함'이 생명이에요. '다이아 전당포'는 고객들이 장롱 속에 묵혀둔 보석을 가져오면 저희가 감정해서 위탁 판매를 해드리는 코너인데, 이건 제가 30년 동안 쌓아온 감정사로서의 신뢰가 없으면 할 수 없는 콘텐츠죠. 고객들은 저를 믿고 물건을 보내고, 구매자는 제 감정을 믿고 사니까요.

이희대 그 '다이아 전당포'라는 코너 참 독특하더군요. 구독자들의 장롱 속 보석을 대신 팔아주는 아이디어는 어떻게 나오게 된 건가요?

다이아언니 이것도 제가 기획했다기보다 구독자분들이 만들어주신 거예요. "옛날에 산 건데 디자인이 유행 지나서 안 껴요", "팔고 싶은데 어디다 팔아야 할지 모르겠어요." 하면서 보석을 처분하고 싶다는 문의가 빗발쳤거든요. 버리긴 아

깎고 남 주긴 뭐한 보석들을 저희가 감정해서 가치를 평
가하고 새로운 주인을 찾아주면, 파는 분은 현금화해서
좋고 사는 분은 저렴하게 사서 좋은 '자원 순환'이 되더라
고요.

이희대 앞으로 다이아언니 채널을 통해 이루고 싶은 최종 목표는
무엇인가요?

다이아언니 종로가 대한민국 주얼리의 메카인데, 생각보다 저평가되
어 있어요. 종로의 숨은 가치를 알리고, 실력 있는 신진
디자이너들을 발굴해서 소개하는 역할을 하고 싶습니다.
그리고 라이브 커머스Live Commerce[8] 등을 통해 발생한 수
익 일부를 기부하면서, 보석처럼 빛나는 나눔을 실천하는
따뜻한 채널로 키우고 싶어요.

---

8 라이브 커머스(Live Commerce): 실시간 스트리밍 방송을 통해 크리에이터나 진행자가 상
품을 소개하고, 시청자의 반응에 따라 소통과 구매가 동시에 이뤄지는 온라인 쇼핑 방식
이다.

누구에게나 하루는 24시간이지만, 이들은 그 시간을 물리적으로 분할하거나 화학적으로 결합하여 '두 개의 삶'을 동시에 살아낸다. 본업의 전문성과 크리에이터로서의 소통, 이 두 가지 시계를 동시에 돌리는 이들의 치열한 시간 관리법을 들여다본다.

에드머(Edmmer)

뮤지션과 먹방 유튜버, 두 가지 시간을 사는 법

EDMElectronic Dance Music 프로듀서이자 DJ인 윤석원. 그가 '에드머'라는 이름으로 카메라 앞에 앉아 치킨을 뜯을 때, 음악가의 시간은 멈추는 것일까? 아니다. 그는 자신의 음악적 재능을 영상 편집의 리듬감, 특히 짧고 강렬한 인트로와 '징글Jingle' 음원에 쏟아부으며 '먹방'을 하나의 리드미컬한 쇼로 재탄생시켰다. 배가 고파 밥을 먹으며 우연히 켠 방송이 전업 크리에이터의 길을 열었지만, 그는 여전히 자신의 정체성을 음악과 영상 그 사이 어딘가에 둔다. 대식가들의 '도전형 먹방'이 아닌, 시청자와 대화하며 식사하는 '소통형 먹방'을 택한 그는, 음악을 만드는 시간과 밥을 먹는 시간을 '소통'이라는 키워드로 결합해 냈다. 에드머에게 시간은 흘러가 버리는 것이 아니라, 비트Beat처럼 쪼개고 편집하여 즐기는 대상이다.

런던고라니(김희욱)

매일 저녁 '내일의 뉴스'를 배달하는 경제 변사

전직 애널리스트이자 경제 방송 진행자 출신인 김희욱은 남들보다 조금 더 빨리 시간을 쓴다. 그의 채널 '런던고라니'의 핵심 콘텐츠는 '내일 뉴스 미리 보기'. 대한민국 상위 1% 정보 취급자들이 접하는 외신과 고급 정보를 일반 투자자들의 눈높이에 맞춰 가장 빠르게, 그리고 재미있게 전달한다. 그는 오늘과 내일의 글로벌 경제 동향을 분석하고, 이를 20분 내외의 영상으로 압축해 매일 밤 배달한다. 마치 무성영화 시대의 변사처럼, 딱딱한 경제 지표를 구수한 입담으로 해설하는 그의 시간은 대중의 '정보 시차'를 줄여주는 데 쓰인다. 그는 이것을 '정보의 민주화'라 부른다. 그의 시간 관리는 곧 구독자들의 시간을 아껴주는 매우 효율적인 투자가 된다.

수아쌤

학원 강사와 유튜버, 학생들의 시간을 점유하는 몰입의 기술

대치동의 수능 국어 강사 정수아 원장은 일주일에 단 3일만 현장 강의를 한다. 나머지 4일은 무엇을 할까? 유튜브를 통해 더 많은 학생과 일반인의 시간을 점유하기 위한 연구에 쓴다. 스마트폰에 익숙해져 '문해력' 위기를 겪는 세대에게, 그녀는 역설적으로 그들이 가장 많이 보는 '쇼츠Shorts'를 통해 국어를 가르친다. "초코파이의 '정情' 자를 '아홉'으로 읽는 학생들"의 현실을 마주하며, 그녀는 소크라테스의 문답법처럼 끊임없이 질문하고 답하는 텐션 높은 강의를 1분짜리 영상에 담아낸다. 현장 강의의 긴 호흡과 쇼츠의 짧은 호흡을 오가며, 그녀는 교실 밖 수만 명의 '랜선 제자'들에게 배움의 시간을 선물한다. 그녀에게 유튜브는 강의실의 확장이자, 죽어가는 문해력을 심폐 소생하는 골든 타임의 응급 현장이다.

주영스트(Celia Kim)

낮에는 연습, 밤에는 라이브. 팝페라 가수의 이중생활

팝페라 가수 셀리아 킴Celia Kim이자, 아프리카TV[현 숲SOOP]의 '음방(음악 방송) 어머니'로 불리는 BJBroadcasting Jockey 주영스트(김주영). 그녀의 하루는 무대를 준비하는 가수로서의 시간과, 팬들과 소통하는 스트리머로서의 시간으로 나뉜다. 방음 장치가 된 스튜디오에서 이어폰을 끼고 노래를 부르는 그녀의 모습은 화려해 보이지만, 그 이면에는 응원 소리 하나 없는 모니터를 향해 열창해야 하는 고독한 시간이 있다. 그녀는 방송 종료 후 발생하는 약간의 '스트림 지연 시간Latency' 동안, 검은 화면에 남겨진 팬들의 인사말을 보며 슬럼프를 이겨냈다고 고백한다. '끝나도 끝나지 않은 그 찰나의 시간'이 그녀를 지탱하는 힘이다. 무대가 없어 스스로 방송을 켰던 그녀는, 이제 자신의 시간을 온전히 들어주는 팬덤 '–스트'와 함께 가상과 현실을 오가는 공연 기획자로 성장하고 있다.

1,000일의 몰입,
시간을 데이터로 치환하다

"성공은 운이 아니다. 그것은 데이터로 검증된 시간의 결과물이다"

전 세계 구독자 1위 유튜브 채널 미스터비스트MrBeast를 운영하는 지미 도널드슨Jimmy Donaldson의 모든 시간은 의미 없이 흘러가지 않는다. 그의 시간은 철저하게 데이터로 기록되고, 분석되며, 최적화된다. 그는 무명 시절, 자신처럼 유튜브에 미친 4명의 친구와 함께 '1,000일 동안 매일 15시간씩' 스카이프에 모여 유튜브의 성공 공식을 연구했다.

그들이 쏟아부은 15,000시간은 무엇을 위한 것이었을까?

• 천만 뷰 영상은 몇 초 안에 본론으로 들어가는가?

• 어떤 섬네일Thumbnail[9] 밝기가 클릭률을 높이는가?

• 시청자가 이탈하는 정확한 타이밍은 언제인가?

---

9   섬네일(Thumbnail): 영상이나 웹 콘텐츠를 대표하는 작은 크기의 미리보기 이미지를 말한다.

그는 이 '데이터 광공의 시간'을 통해 감Feeling이 아닌 확신Fact을 얻었다. 섬네일 하나를 위해 108번의 A/B 테스트[10]를 거치고, 영상 시작 3초 안에 시청자를 사로잡기 위해 수백 시간을 편집실에서 보낸다. 그에게 시간 관리는 '효율'의 문제가 아니라, '성공 확률'을 높이는 통계적 싸움이다.

미스터비스트는 말한다. "대부분의 사람들은 노력을 멈추지만, 나는 데이터가 정답이라고 말할 때까지 멈추지 않는다." 그가 보여준 압도적인 성과는 천재성이 아니라, 1초 단위로 쪼개고 분석한 그 지독한 시간의 밀도에서 탄생했다. 호모 인플루언서에게 시간이란, 흘려보내는 것이 아니라 '데이터로 채굴해야 할 광산'이다.

---

10 A/B 테스트: 콘텐츠의 섬네일이나 광고 시안 등을 두 가지 버전으로 나누어 사용자에게 노출한 뒤, 더 높은 반응을 끌어내는 쪽을 선택하는 검증 기법이다.

자아를 설계하는 사람들
(Self)

이연(LEEYEON)

기술이 아닌 철학을 그리다, 태도가 곧 브랜드가 되는 법

미술은 인류 문명의 진보와 그 궤를 같이하며 미디어가 진화할 때마다 그 양식을 달리해 왔다. 청동기 문명이 브론즈 조각을 낳고 텔레비전 문명이 비디오 아트를 탄생시켰듯, 유튜브라는 플랫폼을 필두로 한 뉴미디어는 '이연'이라는 새로운 예술 장르를 잉태했다. 90만 명이 넘는 구독자가 그녀에게 열광하는 이유는 화려한 데생 기술 그 자체보다, 스케치북 위를 유영하는 연필 선과 그 위를 덮는 차분한 목소리에 담긴 '자기다움'의 고백 때문이다. 그녀는 캔버스라는 물리적 제약을 넘어 유튜브라는 디지털 공간을 자신의 철학을 시각화하는 예술의 무대로 활용하고 있다.

이연은 자신을 아티스트라는 거창한 수식어 대신 '생활 예술인'이라 정의한다. 이는 국가대표가 아니어도 운동을 즐기면 체육인이듯, 일상에서 그림을 낙서처럼 즐기며 삶을 가꾸는 태도 자체가 예술의 본질이라 믿기 때문이다. 그녀가 구축한 자아는 완벽하게 연출된 스타의 형상이 아니라, 불안과 고충을 솔직하게 털어놓으며 독자와 수평적으로 교감하는 '동료'의 모습에 가깝다. 이러한 진정성은 남에게 보여주고 싶은 것만 골라 담는 소셜 미디어의 홍수 속에서 그녀를 대체 불가능한 브랜드로 만드는 강력한 무기가 되었다.

그녀의 자아 설계에서 가장 상징적인 결단은 소위 '신의 직장'이라 불리던 스타벅스 코리아 디자이너 자리를 스스로 박차고 나온 사건이다. 당시 유튜브 채널이 이미 잘될 조짐이 있었기는 하지만 그녀가 퇴사를 결심한 이유는 역설적이게도 '회사가 너무 다닐 만해서'였다. 거대 브랜드의 타이틀에 매몰되어 진짜 자신의 색깔을 잃어버릴까 봐, 서른이 되어 퇴사가 더 무서워지기 전인 스물아홉 살에 스스로 광야로 나선 것이다. 이는 자아를 조직의 시선에 맡기지 않고 스스로 정의하겠다는 '자아 설계자'로서의 강력한 선언이었다.

많은 이들이 그녀의 콘텐츠를 보며 "그림 그리는 모습에서 깊은 위로를 얻는다"라고 말한다. 이 독특한 힘은 단순히 감정에 호소하는 것이 아니라 '구조화된 진솔함'에서 나온다. 놀랍게도 그녀의 영상 제작 방식은 그림을 먼저 그리는 것이 아니라 '오디오를 먼저 녹음하는 것'에서 시작된다. 그녀는 고등학교 시절 배운 논술의 원리를 창작에 도입하여, 하나의 주제를 정하면 마인드맵이나 로직 트리처럼 생각을 정리한 뒤 먼저 말을 녹음한다. 그리고 그 목소리의 길이에 맞춰 그림을 채워 넣는다. 즉, 그림은 거들 뿐, 본질은 그녀가 던지는 '메시지'에 있는 셈이다. 이처럼 차분하게 논리 구조를 갖춘 이야기 위에 시각적 요소가 더해지면서, 시청자들은 그녀의 이야기를 단순한 조언이 아닌 깊이 있는 '삶의 철학'으로 받아들이게 된다. 그녀는 기술Skill이 아닌 태도Attitude를 브랜딩 했고, 그 결과 '그림 잘 그리는 법'을 넘어 '나답게 사는 법'을 제안하는 독보적인 아티스트로 우뚝 섰다.

주목할 점은 그녀가 자신의 자아를 대중에게 노출하는 방식 또한 매우 전략적이었다는 사실이다. 초기에는 얼굴을 숨긴 채 오직 손과 그림, 목소리에만 집중하게 하여 시청자가 메시지 그 자체에 몰입하게 만들었다. 이후 채널이 궤도에 오른 구독자 7만 달성 시점에 과감히 얼굴을 공개하며 팬덤과의 인간적인 신뢰를 공고히 했다. 그녀의 스튜디오에는 거창한 장비가 없다. 온라인 쇼핑몰에서 산 2만 원대 수직 촬영 거치대와 아이폰 하나가 전부다. 단출한 장비로도 오직 '무엇을 말할 것인가'에 집중함으로써, 그녀는 1인 미디어의 본질이 화려한 기술이 아닌 콘텐츠의 내실에 있음을 증명했다.

그녀는 유튜브 활동을 '예술'로, 그 외의 강연이나 출판 등을 '비즈니스'로 명확히 구분한다. "유명해지면 물감을 팔아라"라는 식의 쉬운 상업화 유혹을 뿌리치고, 자신의 이미지가 소모되지 않는 선에서 엄격하게 비즈니스를 선별한다. 대신 그녀는 직장인에서 자신의 스튜디오 대표, 베스트셀러 작가, 강연자로 끊임없이 변모하며 자신만의 성장 일기를 써 내려가고 있다. 이제는 결혼을 통해 '혼자'의 삶에서 '함께'하는 삶으로 세계관을 확장하며, 브이로그를 통해 더욱 자연스러운 일상을 공유하기도 한다.

"내가 이연으로 사랑받는 이유는 그림을 그리고, 이야기를 하고, 글을 쓰기 때문이다"라는 그녀의 고백은 호모 인플루언서가 갖춰야 할 가장 강력한 무기인 '오리지널리티Originality'가 무엇인지 웅변한다. 흉내 내는 삶을 거부하고 스스로에게 맞는 재미있는 일을 찾아 나가는 그녀의 행보는, 자아를 설계하는 것이 곧 행복한 사람이 되는 길임을 보여준다.

이연의 성공은 현대 미디어 소비자가 갈구하는 '투명한 페르소나'의 전형을 보여준다. 과거의 대중문화가 완성된 '결과물'로서의 스타를 소비했다면, 호모 인플루언서 시대의 대중은 창작자의 '고민하는 과정'과 '취약함'을 소비한다. 그녀가 제안하는 '생활 예술인'이라는 개념은 전문성과 대중성 사이의 문턱을 낮추며, 구독자들이 단순한 시청자를 넘어 각자의 삶을 설계하는 주체적인 창작자로 동참하게 만드는 강력한 사회적 연대를 형성하고 있다. 이는 인공지능이 복제할 수 없는 인간 고유의 오리지널리티가 미디어를 통해 어떻게 공동체의 위로로 변모하는지를 잘 보여주는 사례다.

[사진 출처: 〈디지털타임스〉 박동욱 기자, '이연' 유튜브 채널 갈무리]

그림 유튜버 이연은 인물 크로키와 수채화 등 감각적인 미술 콘텐츠에 자신의 사유를 이야기하듯 풀어낸다. '보는 즐거움'에 머물기 쉬운 미술 콘텐츠를 '듣는 위로'의 영역으로 확장한 그녀의 화법은 95만 구독자의 견고한 공감을 끌어냈다. 많은 이가 그녀의 영상을 보며 '깊은 위로를 얻는다'고 고백하는 이유다. 그녀가 가진 가장 강력한 무기는 '진솔함'이다. 그러나 단순히 날것의 감정에 기대지 않는다. 오히려 철저히 분석되고 정돈된, 이른바 '구조화된 진솔함'이야말로 그녀를 대체 불가능한 인플루언서로 만들었다.

"나의 고유함을 찾는 일,
그것이 가장 완벽한 예술입니다"

이희대 꾸준히 개인전을 여시는 걸로 알고 있습니다. 매번 반응이 무척 뜨겁던데, 이연 님에게 전시는 어떤 의미인가요?

이연 사실 유튜브에 이미 올려둔 그림이 많은데 굳이 오프라인 전시를 해야 할지 고민도 했어요. 하지만 연필로 그린 원화가 주는 생생한 질감은 화면으로 다 담을 수 없더라고요. 제 드로잉은 굉장히 빠르고 가볍지만, 그 안에 담긴 영혼의 무게를 직접 느껴주시는 관객분들을 보며 제가 오히려 더 큰 위로를 받습니다.

이희대 작업 방식이 독특하다고 들었습니다. 그림 그리기보다 녹음을 먼저 하신다면서요?

이연 맞아요. 저는 작업을 아주 효율적으로 하는 걸 좋아해요. 먼저 20분 정도 하고 싶은 이야기를 녹음하고, 5분 정도 덜어내서 깔끔한 파일을 만듭니다. 그러고 나서 그 음성 파일 길이에 맞춰 그림을 그려요. 말할 때 손을 많이 움직이면 시청자의 흐름이 깨질 수 있어서 아예 분리해서 조립하는 형식을 택했죠. 아이폰을 2만 원짜리 거치대에 얹어놓고 찍는 이 단출한 방식이 저에겐 가장 잘 맞더라고요.

이희대 스스로를 '게으르다'고 표현하시면서도 작가, 강연자, 대표 등 수많은 역할을 해내고 계십니다. 비결이 뭔가요?

이연 저는 저한테 속지 않아요. 저는 억지로 시키면 절대 안 하는 사람인 걸 알거든요. 그래서 실컷 놀고 잠도 많이 자요. 최근에는 녹내장 증세가 있었는데, 잠을 푹 자니까 오히려 시야가 좋아졌다는 이야기를 들었어요. 치열하게 사는 것도 좋지만, 나에게 진짜 좋은 게 무엇인지 고민하는 '편안한 삶'이 제 창작의 원천입니다.

이희대 팬들과의 만남 중 가장 기억에 남는 순간이 있다면요?

이연 초등학교 5~6학년쯤 되는 친구가 저를 그려서 선물해 준 적이 있어요. 제 스타일대로 훈련해서 저를 그려왔는데, 실력이 너무 좋아서 놀랐죠. 그 아이의 눈에 비친 제 모습이 제가 추구하는 '생활 예술인'의 모습인 것 같아 정말 뭉클했습니다. 제 그림이나 글이 누군가에게 실제적인 영감이 된다는 건 참 감사한 일이에요.

이희대 그림 입문자들에게 '이연식' 조언을 해주신다면요?

이연 취미로만 즐길 거라면 혼자 그려도 충분해요. 하지만 제대로 표현하고 싶다면 오프라인 학원에 가보라고 추천합니다. 기초가 없으면 제대로 못 그린 그림을 '나만의 추상화'라고 우기게 되거든요. 부상을 방지하기 위해 러닝을 배우듯, 그림도 기초를 잘 닦아야 오래, 자유롭게 헤엄칠 수 있습니다.

이희대 결혼으로 이제 '둘의 삶'이 일상이 되는데요. 작업 방식이나 삶의 태도에는 어떤 영향이 있는지 궁금합니다.

이연 이전에는 혼자 있을 때 느끼는 공허함을 사람들을 많이 만나는 걸로 채웠던 것 같아요. 그런데 정말 잘 맞는 '짝꿍'이 생기니까 외부인을 덜 만나도 마음이 충만해지더라고요. 혼자 있는 이연도 저였지만, 누군가와 함께하며 행복해하는 이연도 저라는 걸 받아들였어요. 이제는 '둘의 삶'에서 나오는 새로운 이야기를 편안하게 기록해 보려 합니다.

이희대 '이연'이라는 브랜드의 다음 챕터는 어떤 모습일까요?

이연 거창한 성공보다는 어떻게 하면 더 '편안하게' 살 수 있을까를 계속 고민할 것 같아요. 제가 편안해야 제 글과 그림을 보는 분들도 맞춤옷을 입은 것처럼 편안함을 느끼실 테니까요. 남을 흉내 내지 않고 제 속도대로 계속 헤엄쳐 가겠습니다.

6장

김단군

계획 없는 솔직함이 만든 장르, 날것의 감동을 중계하다

e스포츠의 목소리에서 영화 리뷰어 '봤군'으로의 진화

"보자마자 말한다", 즉시성이 빚어낸 김단군만의 독보적 문법

"나답게 산다는 건, 타인의 시선보다 내 주관을 먼저 믿는 일이다"

누군가는 치밀한 기획과 완벽한 준비로 콘텐츠를 만들지만, 김단군(김의중)은 '즉석'에서 이야기한다. 오전에 영화 한 편을 보고 나와 30분 만에 생방송을 켜고, 아무런 대본 없이 자신이 느낀 그대로를 쏟아낸다. 2007년 나이스게임TV에서 시작된 그의 여정은 한 번도 계획된 적이 없었다. 자청하여 〈워크래프트 3〉 게임을 중계했던 청년이 e스포츠 캐스터가 되고, 게임 해설자가 영화 리뷰어로 진화한 것은 모두 '그때그때' 재미있고 신선한 것을 좇은 결과였다. 그는 스스로 선구자가 되려 하지 않았지만, 플랫폼의 변화와 대중의 니즈가

교차하는 지점에 언제나 먼저 뛰어들어 자신만의 무대를 설계해 왔다.

그의 콘텐츠가 지닌 가장 강력한 힘은 '즉시성'에 기반한 날것의 감정이다. 김단군 채널의 핵심인 '봤군' 시리즈는 영화를 보고 난 후 30분 안에 리뷰를 진행하는 시스템을 고수한다. 메모도, 스크립트도 없으며 심지어 다른 이의 후기나 평점도 미리 보지 않는다. 이는 가공되지 않은 관객으로서의 생생한 반응을 전달하겠다는 의지의 표현이다. 20년 가까운 방송 경험에서 축적된 '말하는 기술'과 현장의 공기를 읽는 순발력은 평론가의 정제된 언어보다 훨씬 더 강력한 설득력을 발휘하며 시청자들을 사로잡는다.

김단군은 자신을 '레커Wrecker'라고 표현하는 데 주저함이 없다. 본래 사고 현장에서 차를 빠르게 옮기는 레커차처럼, 대중문화 콘텐츠가 나오면 어땠는지를 가장 빠르게 전달하는 '콘텐츠 레커', 혹은 '콘텐츠 피커Picker'를 자처한다. 이러한 태도는 정보가 넘쳐나는 시대에 시청자가 무엇을 선택해야 할지 고민하는 시간을 줄여주는 실용적인 가치를 제공한다. 특히 S부터 F까지 나누는 독창적인 티어 표Tier List[11]는 게임 해설자의 경험을 리뷰에 이식한 결과물로, 관객의 눈높이에서 핵심을 명확히 짚어내는 그만의 시그니처가 되었다.

그의 성장은 플랫폼의 진화와 궤를 같이한다. 나이스게임TV와

---

11 티어 표(Tier List): 여러 대상의 등급을 매겨 시각화하여 한눈에 비교할 수 있게 만든 표를 말한다. 주로 게임 캐릭터나 아이템, 혹은 특정 분야의 선호도를 서열화하여 효율성 등을 따질 때 대중적으로 활용된다.

OGN이라는 레거시 미디어 환경에서 다져진 내공은 트위치Twitch, 아프리카TVSOOP, 유튜브로 이어지며 더 유연해졌다. 그는 "처음부터 이걸 해야겠다고 생각하는 순간 선택의 폭이 좁아진다"라고 말하며, 다양한 실험 끝에 알고리즘이 반응하는 영화 후기 콘텐츠 운영 방식을 발견했다. 이는 1인 미디어가 단순한 개인 방송을 넘어 하나의 전문적인 저널리즘, 혹은 대안 언론의 역할을 수행할 수 있음을 증명하는 사례가 된다.

김단군의 콘텐츠에서 '관계'는 빼놓을 수 없는 중요한 축이다. 부인과 함께 영화를 보며 나누는 서로 다른 시각이나, '배도라지' 크루원들과의 연대감은 그의 콘텐츠에 두터운 서사를 부여한다. 특히 침착맨, 매직박, 철면수심 등 대형 크리에이터들과 맺어온 끈끈한 관계는 단순한 협업을 넘어 팬들에게 친밀한 유대감을 선사한다. 이러한 관계의 설계는 고립된 창작자가 아닌, 공동체 안에서 함께 성장하는 인플루언서의 이상적인 전형을 보여준다.

그는 여전히 '자기다움'에 대해 치열하게 고민한다. 대중의 기호에 맞추기 위해 자신의 주관을 굽히는 대신, "내가 좋아야 보는 사람도 즐겁다"라는 원칙을 고수한다. 이는 현대인들이 타인의 시선에 매몰되어 '진짜 나'를 잃어버리는 현상에 대한 그만의 해답이기도 하다. 그는 계획된 성공보다 순간의 진실함이 주는 힘을 믿으며, 오늘도 자신의 골방에서 가장 나다운 목소리로 세상과 소통하고 있다.

이러한 김단군의 성공은 '주관적 확신'이 어떻게 자신을 대체 불가능한 브랜드로 확장해 주는지를 입증한다. 과거의 미디어가 권위 있는 평론가에 기대어 '정답'을 제시했다면, 호모 인플루언서 시대의 대중은 자신과 닮은 관찰자의 '투명한 솔직함'에 더 큰 신뢰를 보낸다. 김단군은 전문가의 언어 대신 생활인의 언어로 소통하며, AI가 복제할 수 없는 즉각적인 리액션과 인간적인 취향을 콘텐츠의 핵심 동력으로 삼았다. 그의 콘텐츠는 단순히 정보를 전달하는 기능을 넘어, 시청자가 자신의 취향을 확인하고 커뮤니티와 연결되게 만드는 현대적 제의Ritual의 공간으로 기능하고 있다.

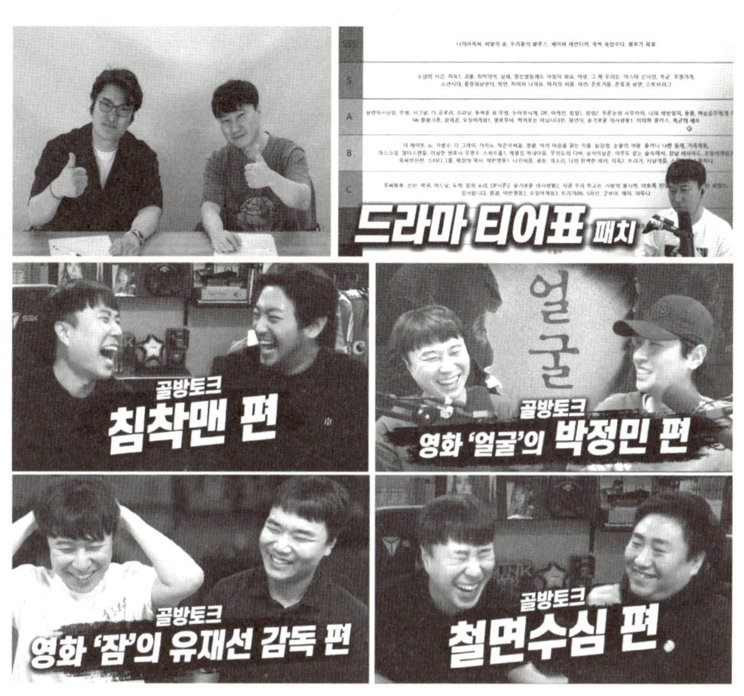

[사진 출처: 〈디지털타임스〉 박동욱 기자, '김단군' 유튜브 채널 갈무리]

다양한 콘텐츠를 시도해 온 유튜브 김단군 채널에서, 현재 주력 분야로 자리 잡은 코너는 영화·드라마 리뷰 콘텐츠 '봤군' 시리즈다. 그는 철저히 '즉시성'에 기반해, 작품을 본 직후 30분 안에 생방송 리뷰를 진행하는 시스템을 고수한다. 메모도, 스크립트도 없다. 심지어 다른 후기나 평점조차 미리 보지 않는다. "영화 보기 전에는 다른 후기나 평점도 절대 안 봐요. 시간이 지나면 감정이 달라질 수도 있고, 다른 의견에 동화될 수도 있으니까요." 이것은 단순한 제작 방식이 아니라 콘텐츠를 대하는 그의 분명한 철학에 가깝다.

"계획 없는 도전이 만든 필연,
그것이 지금의 저를 만들었습니다"

이희대   2007년 나이스게임TV 시절부터 e스포츠의 산증인이십니다. 그때는 밤새워 중계하고 사우나에서 자는 게 일상이었다고 들었어요.

김단군   아유, 말도 마세요. 그때는 '퇴근'이라는 개념 자체가 없었죠. 해외 대회는 시차가 있으니까 밤새 중계하고 아침에 회사 지하 사우나 가서 눈 좀 붙이면 직원이 깨우러 왔어요. "지금 다음 방송 들어가야 한다"며 툭툭 치면 5분 만에 씻고 들어가서 바로 멘트 날리고 그랬죠. 그때는 그게 고생인 줄도 모르고 게임이 좋아서 그냥 미친 듯이 했던 것 같아요. 사실 정식 훈련을 받은 아나운서 출신이 아니라서, 인터넷 방송 특유의 속어와 밈Meme을 섞어가며 저만의 '근본 없는' 스타일을 만들었는데, 그게 오히려 시청자들에게 신선하게 다가갔던 것 같습니다.

이희대   그러다 영화·드라마 리뷰 콘텐츠인 '봤군'으로 성공하셨는데, 사실 처음엔 유튜브 수익이 마이너스였다면서요?

김단군   맞아요. 몇 년 동안은 편집자 월급 주고 나면 제 수중에 남는 게 하나도 없었어요. 오히려 제 돈을 까먹으면서 했죠. 그래도 멈추지 않았던 건, 이 일이 너무 편하고 재미있기 때문이에요. 아이디어를 쥐어짤 필요 없이 매주 영화가 쏟아져 나오니까, 전 그냥 보고 와서 제 생각만 말하면 되거든요. 퀄리티보다는 속도, 그리고 제 날것의 반응에 집중했는데 그게 통한 것 같아요. 저는 스스로를 '콘텐츠 레커'라고 부릅니다. 사고 난 곳에서 빨리 차를 옮겨주는 레커차처럼, 영화나 드라마가 나오면 누구보다 빨리 보고 와서 "이거 이렇더라"라고 전해주는 사람이니까요.

이희대   대본도, 메모도 없이 '보자마자' 리뷰하는 것으로 유명합니다. 정말 아무 준비 없이 하시나요?

김단군   네, 스크립트는커녕 메모 한 장 없습니다. 영화 보고 오자마자 30분 안에 라이브를 켜요. 시간이 지나면 감정이 휘발되거나 남들의 평론에 제 생각이 오염될 수 있거든요. "이 장면에서 감독이 돈을 아꼈나?" 같은 제작에 대한 현실적인 의심부터, "와, 여기서 이게 나온다고?" 하는 찐 반응까지, 방금 극장에서 나온 관객의 흥분 상태 그대로를 전달하는 게 제 경쟁력입니다. S급부터 F급까지 나누는 저만의 등급표도 평론가의 기준이 아니라, 철저히 '내 돈 내고 본 관객'의 시선에서 매기는 점수라 다들 좋아해 주시는 것 같아요.

이희대 '배도라지' 크루에 대해서도 궁금해하는 분들이 많습니다. 침착맨 씨와는 어떻게 처음 인연이 되셨나요?

김단군 나이스게임TV 시절에 제가 진행하던 토크쇼 '킬링캠프'에 이말년(침착맨) 작가님이 게스트로 왔었어요. 동갑내기라 말도 잘 통했고, 당시에도 그분은 뭔가 묘한 오라가 있었죠. "이 사람 특이하다." 싶어서 연락처를 주고받았는데, 그 인연이 지금까지 이어져서 배도라지라는 사적인 모임까지 온 거예요. 요즘 유튜브 크루들은 서로의 채널 성장을 위해 전략적으로 뭉치기도 하는데, 저희는 무슨 이득을 바라고 모인 게 아니에요. 그냥 친한 친구들끼리 모여서 노는 계모임 같은 느낌입니다. 카메라 꺼져도 똑같이 놀아요.

이희대 배우 박정민 씨와의 인연도 화제였습니다. 골방 토크에 직접 출연까지 하셨죠?

김단군 원래 저랑 와이프가 박정민 배우의 엄청난 팬이었어요. 제가 채널에서 박 배우님에 대해 입에 침이 마르도록 칭찬한 적이 있는데, 그걸 본인도 보셨나 봐요. 본인이 운영하던 책방 라디오에서 저를 언급해 주셨고, 침착맨을 통해 연결이 돼서 실제 제 자취방(골방)에 모셨는데 정말 영광이었죠. 근데 웃긴 건, 박정민 배우가 나왔다고 해서 제가 영화 평점을 좋게 주진 않았다는 거예요. 별로인 건 별로라고 솔직히 말해야 팬들도 저를 믿으니까요. 그게 저만의 예의이자 소통 방식입니다.

이희대 마지막으로, 20년 가까운 방송 인생을 돌아보며 독자들에게 한 말씀 부탁드립니다.

김단군 저는 인생에 계획이 없어요. 20대에 힙합을 좋아해서 래퍼가 되려다 게임 캐스터가 됐고, 영화가 좋아서 떠들다 보니 유튜버가 됐습니다. 돈보다는 '새롭고 재밌는 일'을 좇아 살다 보니 여기까지 흘러왔네요. 가끔 저를 보고 '참 대책 없이 산다'고 생각하실 수도 있어요. 하지만 남들에게 어떻게 보일지를 고민하기보다, 자기 자신이 진짜 무엇을 좋아하는지 먼저 찾으셨으면 좋겠어요. 요즘 현대인들은 남들 시선 신경 쓰느라 정작 '자기'가 없는 경우가 많은데, 저 같은 레커 인생도 이렇게 자기 생각 마음껏 말하며 즐겁게 살고 있답니다.

7장

빙밍

가상과 현실을 잇는 아바타, 기술 너머의 진심을 설계하다

버추얼이라는 디지털 옷을 입고 찾은 가장 나다운 모습

FPS 전장을 누비는 씩씩함과 소통의 온기를 결합하다

"아바타를 믿는 힘이 곧 시청자를 몰입시키는 마법이 됩니다"

　1인 미디어의 진화는 이제 카메라 렌즈라는 물리적 경계를 넘어 가상의 영역으로 확장되고 있다. 2D 일러스트나 3D 모델링으로 구현된 디지털 페르소나가 실시간으로 소통하고 게임을 즐기는 '버추얼 크리에이터Virtual Creator'의 등장은, 미디어가 자아를 담아내는 방식에 새로운 질문을 던진다. 스트리밍 플랫폼 SOOP을 무대로 활동하는 빙밍은 이러한 버추얼 생태계에서 이름처럼 맑고 경쾌한 에너지로 자신만의 독보적인 위치를 구축했다. 그녀의 이름은 학창 시절 즐기던 게임의 아이템인 '방망이'를 입력하려다 발생한 오타에서 시작되었지만, 이제는 디지털 공간에서 매우 유쾌하고 친근한 소통의 상징이 되었다.

빙밍의 여정은 2019년 고등학생 시절, 동경하던 게임 유튜버 '김블루'를 보기 위해 찾았던 지스타G-STAR[12] 현장에서 잉태되었다. 인파에 밀려 동경하던 스타의 머리카락조차 보지 못했던 아쉬움은 "나도 저 자리에 서야겠다"라는 다짐으로 이어졌고, 이는 그녀를 스트리밍의 세계로 이끄는 도화선이 되었다. 학업을 위해 잠시 멈췄던 시간 이후, 그녀는 SOOP 플랫폼의 메인 화면을 가득 채운 버추얼 캐릭터들을 목격하며 운명적인 전환점을 맞이한다. 단 일주일 만에 아바타 제작과 성격 설정을 마치고 버튜버VTuber[13]로 데뷔한 그 과감한 결단력은, 변화하는 미디어를 자신의 무대로 만드는 호모 인플루언서로서의 기민함을 보여준다.

얼굴을 공개하지 않던 '노캠' 시절, 목소리에만 의존해야 했던 소통은 아바타라는 매개체를 얻으며 비로소 입체적인 생동감을 얻었다. 하지만 화면 속 아바타의 자연스러운 미소 뒤에는 고도의 기술적 노동이 숨어 있다. 빙밍은 아바타를 구동하기 위해 '멜리고MELIGO'와 '슈스트Shoost' 같은 전문 프로그램을 사용하며, 아이폰의 '페이셜 캡처'와 웹캠 '모션 캡처' 기술을 유기적으로 결합한다. 전신 움직임이

---

12 지스타(G-STAR): 'Game Show & Trade, All-Round'를 줄인 명칭으로, 매년 부산에서 개최되는 한국 최대 규모의 게임 산업 전시회다.

13 버튜버(VTuber): 'Virtual YouTuber'에서 유래한 용어로, 가상의 아바타를 사용해 영상·라이브 방송 등 다양한 플랫폼에서 콘텐츠를 제작하는 크리에이터를 의미한다.

필요한 날에는 머리부터 발목까지 트래커를 주렁주렁 부착하는 수고를 마다하지 않는다. 콘텐츠 성격에 따라 6~8개의 프로그램을 동시에 가동해야 하는 복잡함 속에서, 그녀는 프로그램이 멈추는 '천재지변' 앞에서도 그림판이나 파파고Papago의 음성 기능을 빌려 소통을 이어가는 노련함을 보여준다. 이 치열한 제작 과정은 가상의 존재가 결코 허구가 아니라, 제작자의 땀방울이 깃든 실재하는 노력의 결과임을 증명한다.

빙밍은 게임 실력과 소통 능력을 겸비한 종합형 버튜버로서, 특히 FPS 장르에서 강점을 보인다. 〈배틀그라운드〉 전장을 씩씩하게 누비는 그녀의 모습은 대규모 합동 콘텐츠에서도 빛을 발했다. 분위기가 가라앉을 때 활력을 불어넣은 그녀는 게임 아이템의 이름을 딴 '수은'이라는 별명으로 불리며 팬덤의 큰 사랑을 받았다. 그녀는 중학교 시절 친구의 티어Tier를 따라잡기 위해 며칠 밤을 새울 정도로 강한 승부욕을 지녔으며, 이러한 열정은 고 티어 유저들에게도 인정받는 실력의 밑바탕이 되었다. 이는 아바타라는 외형보다 중요한 것이 결국 그 뒤에 실재하는 '사람'의 에너지와 진심임을 말해준다.

주목할 점은 그녀가 자신의 세계관을 유지하기 위해 기울이는 치밀한 책임감이다. 빙밍은 시청자들의 몰입을 위해 자신의 실제 외형이나 신상을 노출하는 데 매우 신중하다. 주변 친구들에게 입단속을 부탁하면서까지 자신의 헤어 스타일이나 정체를 비밀로 지켜내길 고집하는 이유는, 버추얼 크리에이터에게 '아바타'는 단순한 옷이 아니라 시청자와 약속한 세계 그 자체이기 때문이다. 동시에 그녀는 팬들을 향한 진심을 담아 음원을 발매하고 라이브 공연을 펼치며, 가상의 아바타가 현실의 마음들과 어떻게 연결될 수 있는지를 끊임없이 실험한다.

그녀의 영향력은 화면 안의 재미를 넘어 사회적 가치로도 확장되고 있다. 2025년 5월 유튜브 구독자 2만 명 달성을 기념하여 아동 보육 시설인 '오류마을'에 과자와 아이스크림을 기부한 사례는 크리에이터로서의 사회적 책임을 실천한 한 예이다. "받는 것만큼이나 주는 것도 정말 행복한 일이라는 걸 깨달았다"라는 그녀의 고백은, 1인 미디어가 어떻게 공동체의 온기를 전파하는 통로가 될 수 있는지를 보여준다.

우리가 빙밍이라는 아바타에게 응답하는 이유는 그 뒤에 숨겨진 '투명한 진실함' 때문이다. AI가 복제할 수 없는 인간 고유의 리액션과 부족함마저 숨기지 않는 솔직함은, 버추얼 크리에이터가 지닌 '익명성'을 오히려 '진실성'으로 승화시킨다. 빙밍은 기술을 통해 자신을 숨기는 것이 아니라, 아바타라는 새로운 자아를 통해 가장 나다운 모습으로 세상과 마주한다. 결국 그녀가 설계한 것은 세련된 아바타 이미지가 아니라, 가상과 현실의 경계가 지워진 자리에서 피어나는 인간적인 유대감이다. 그녀는 오늘도 누구나 어디서든 당당하게 "나 지금 빙밍 본다"라고 말할 수 있을 만한 멋진 크리에이터가 되기 위해 자신의 세계관을 성실히 일구고 있다.

[사진 출처: 〈디지털타임스〉 박동욱 기자, '빙밍' 유튜브 채널 갈무리]

버추얼 크리에이터 '빙밍'은 스트리밍 플랫폼 SOOP을 무대로, 이름처럼 맑고 경쾌하게 소통할 뿐만 아니라 노래와 게임 실력을 보여주고 있다. 버추얼 크리에이터는 아바타의 전신 움직임을 구현하기 위해서 표정을 캡처하는 장비는 물론 머리, 허리, 팔목, 발목 등에 각각 별도의 트래커를 부착한다. 싱글 음원 〈I like it too〉의 라이브 스트리밍 공연 시에도 이러한 기술을 기반으로 다양한 댄스 동작과 자유로운 화면 연출을 구현했다.

"아바타는 저의 또 다른 몸이자,
팬들과 만나는 가장 솔직한 창구예요"

이희대　이번 인터뷰는 정말 특별합니다. 실사인 저와 버추얼 캐릭터인 빙밍 님이 나란히 앉아 있으니 마치 미래 도시에 온 기분이에요.

빙밍　[웃음] 빙밍빙 빙밍업! 안녕하세요! 저도 이렇게 교수님과 직접 마주 보고 인터뷰를 하니까 너무 신기하고 재밌어요. 제가 화면 밖으로 직접 나온 기분이랄까요?

이희대　2019년에 처음 스트리밍을 시작하셨는데, 당시 지스타 현장에서 겪은 일이 스트리머 도전의 결정적 계기가 되었다고요?

빙밍　네, 정말 잊을 수 없는 날이었어요. 동경하던 김블루 님을 보러 꼭두새벽부터 꽃단장하고 줄을 섰는데, 사람이 너무 많고 제 키가 작아서 블루 님 머리카락조차 안 보이는 거예요! 너무 허무하게 돌아서려는데, 파트너 스트리머[14] 부스에 당당하게 입장하는 분들이 그렇게 부러울 수가 없더라고요. 그때

14　파트너 스트리머: 스트리밍 플랫폼 SOOP과 파트너십을 체결하여 차별화된 지원과 혜택을 누리는 스트리머를 말한다.

'나도 파트너 스트리머가 돼서 저 안으로 들어가야겠다'는 오기가 생겨 무작정 방송을 시작하게 됐습니다.

이희대　버추얼로 전향한 이유가 '트렌드 탑승'이었다고 언급했지만, 사실 그 과정이 순탄치만은 않았을 것 같습니다.

빙밍　맞아요. 당시 SOOP 메인 화면에 버추얼 캐릭터들이 꽉 차 있는 걸 보고 직감적으로 '이거다' 싶었죠. 하지만 기술은커녕 장비 세팅법도 몰라서 일주일 내내 잠도 안 자고 공부했어요. 아바타 제작을 위해 작업자분과 소통하며 제 성격과 외형을 하나하나 설계하는 과정이 마치 또 다른 나를 잉태하는 기분이었습니다.

이희대　방송 중에 아바타가 멈추거나 프로그램이 꼬이는 '천재지변'이 일어날 때도 있다면서요?

빙밍　오우, 말도 마세요! 방금까지 멀쩡하던 프로그램이 갑자기 충돌해서 멈추거나, 갑자기 제 아바타의 허리가 뒤로 꺾이는 등의 기괴한 오류가 나기도 해요. 그럴 땐 정말 눈앞이 캄캄해지죠. 예전에 성대결절로 목소리가 아예 안 나올 때는 파파고 음성 기능이나 그림판으로만 소통한 적도 있었는데, 오히려 그게 '빙밍만의 독특한 소통 방식'이라며 팬들이 더 좋아해 주시더라고요. 어떤 위기가 와도 멘털만 잡으면 길이 보인다는 걸 배웠습니다.

이희대 주변 친구들에게 '빙밍'이라는 정체를 숨기느라 애먹었던 일화도 인상적입니다.

빙밍 친구들이 "내 친구가 빙밍이다!"라고 자랑하고 다니는 통에 당황한 적이 한두 번이 아니에요. 버추얼 크리에이터는 세계관 몰입이 생명이라 제가 단발인지 장발인지조차 비밀인데, 친구들은 그저 신기하니까요. 결국 친구들에게 제발 입단속 좀 해달라고 진지하게 부탁했고, 그러면서도 한편으로는 미안한 마음이 들었던 기억이 나네요. 제가 제 아바타를 가장 먼저 믿고 사랑해야 시청자들도 몰입할 수 있다는 게 제 철칙입니다.

이희대 빙밍 님이 그리는 '버추얼 크리에이터'로서의 최종 목적지는 어디인가요?

빙밍 팬분들이 지하철에서 제 방송을 볼 때 남들 눈치 보느라 화면 밝기를 최저로 낮춘대요. [웃음] 저는 그게 늘 마음 아프고 아쉬웠어요. 그래서 언젠가는 모든 팬이 어디서든 당당하게 '나 지금 빙밍 본다!'라고 말할 수 있는 멋진 크리에이터가 되고 싶습니다. 바쁜 하루 끝에 누군가의 어깨를 토닥여주는 편안하고 든든한 친구로 남고 싶어요.

이희대 마지막으로 버추얼 크리에이터를 꿈꾸는 분들에게 한마디해 주신다면요?

빙밍　　장비 걱정부터 하지 마세요. 아바타가 예쁜 것보다 중요한 건
　　　　'나를 기다려주는 단 한 명을 위한 용기'입니다. 일단 시작해
　　　　보세요. 그 한 명이 주는 행복이 얼마나 큰지 경험해 보시면,
　　　　아바타라는 가면이 오히려 가장 솔직한 소통의 창구가 될 수
　　　　있다는 걸 알게 되실 거예요.

캔들스토리TV

얼굴 없는 경제 친구,
화려한 영상 대신 투박한 진심을 그리다

'보여주기' 위한 TV의 시대가 가고, '소통'을 위한 유튜브의 시대가 오다
본업을 지키기 위해 선택한 '가성비 전략'이 '독보적 정체성'이 되기까지
"우리는 5성급 호텔 요리가 아닙니다. 친구가 해준 김치볶음밥입니다"

바야흐로 1인 미디어 전성시대다. 스마트폰이 신체의 일부처럼 되어버린 오늘날, 우리는 거실의 TV보다 손안의 화면을 더 오래 응시한다. 과거 TV가 일방적으로 화려한 볼거리를 '보여주는Showing' 매체였다면, 유튜브는 개인과 개인이 연결되어 '소통Communication'하는 도구에 가깝다. 그렇기에 유튜브의 문법은 TV와 다르다. 반드시 잘생긴 배우나 화려한 컴퓨터 그래픽이 필요하지 않다. 중요한 것은 '나와 공감할 수 있는가', 즉 '코드가 맞는가'이다.

이러한 미디어의 지각 변동 속에서, 경제라는 딱딱한 소재를 다루면서도 과감하게 얼굴을 지우고 목소리와 그림만으로 승부하는 채널이 있다. 바로 '캔들스토리TV'다. 이들의 채널에 들어가 보면 우리가 흔히 기대하는 양복 입은 전문가나 복잡한 도표는 보이지 않는다. 대신 만화 캐릭터가 등장해 두런두런 이야기를 나눈다. 경제 채널이라기엔 너무나 말랑말랑한 이 비주얼은 도대체 어떤 전략에서 나온 것일까?

이들이 처음 유튜브를 시작하며 선택한 '애니메이션 라디오' 방식은 사실 철저히 현실적인 계산에서 비롯되었다. 두 운영자, '캔들피그'와 '김화백'은 전업 유튜버가 아니다. 각자의 생업이 있는 직장인이다. 제한된 시간을 쪼개어 영상을 만들어야 했기에, 촬영과 조명 세팅에 드는 공력을 최소화해야 했다. 그래서 그들은 과감하게 영상 촬영을 포기하고, 편집 공정이 비교적 적은 '라디오 콘셉트'를 선택했다. 그리고 자칫 지루해질 수 있는 오디오의 빈틈을 친근한 캐릭터 애니메이션으로 채웠다. '시간이 없어서' 선택한 이 '경제적 전략'은 역설적으로 시청자들에게 부담 없이 다가가는 '최고의 정체성'이 되었다.

그들이 지향하는 콘텐츠의 온도는 채널의 슬로건에서 명확히 드러난다. "친구가 해준 김치볶음밥 같은, 문턱 낮은 경제 정보." 그들은 셰프가 만든 5성급 호텔의 화려한 요리를 지향하지 않는다. 출출할 때 친구가 뚝딱 만들어준 김치볶음밥처럼, 투박하지만 편안하고 따뜻한 지식 제공을 추구한다. 경제 전문가들이 그들만의 전문 용어로 높게 쌓아 올린 지식의 장벽을, 캔들스토리TV는 일상의 언어로 허물어뜨린다. '알고 있지만 정확히 몰랐던 상식, 당연한 건데 눈치채지 못했던 사실'들을 친구와 수다 떨듯 풀어내는 그들의 화법은 '경제는 어렵다'라는 대중의 선입견을 무장 해제시켰다.

이러한 '편안함'은 시청자들의 라이프 스타일마저 변화시켰다. 화려한 볼거리가 없기에 역설적으로 '보지 않아도 되는 자유'를 얻은 것이다. 직장인들은 출근길 꽉 막힌 도로 위에서, 혹은 붐비는 지하철 안에서 화면을 보지 않고 이어폰을 꽂은 채 그들의 이야기를 듣는다. 운영자들은 이러한 패턴을 간파하고, 직장인들의 출근 시간에 맞춰 매주 월, 수, 금 새벽 6시에 콘텐츠를 업로드하는 성실함을 보여준다. 캔들스토리TV는 '시청'하는 유튜브 채널이 아니라 '청취'하는 채널로서, 바쁜 현대인들의 틈새 시간을 파고들었다.

이들의 전략이 얼마나 유효했는지는 한 60대 운수업 종사자가 보내온 장문의 메시지에서 증명된다. 그는 평생 운전대를 잡으며 뉴스를 들어도 무슨 소리인지 몰라 답답했고, 학력이 낮다는 자격지심에 지인들과의 대화에서도 위축되곤 했다고 고백했다. 하지만 운전 중에 라디오처럼 캔들스토리TV를 듣기 시작하면서, 어느 순간 뉴스가 들리고 세상 돌아가는 이치가 이해되기 시작했다고 했다. "어려운 경제 이야기를 나 같은 사람도 알아듣게 설명해 줘서 고맙다"라며, 투박한 맞춤법으로 꾹꾹 눌러쓴 그의 진심 어린 감사 인사는, 기성 미디어가 채워주지 못한 '지식의 사각지대'를 1인 미디어가 어떻게 메우고 있는지를 보여주는 감동적인 사례다.

좋은 친구란 무엇일까. 내가 모르는 것을 핀잔주지 않고, 눈높이를 맞춰 차근차근 설명해 주는 배려심 깊은 존재일 것이다. 캔들스토리TV는 바로 그런 친구다. 화려한 기술이나 자극적인 섬네일 없이, '성실함'과 '눈높이 소통'만으로도 강력한 팬덤을 만들 수 있음을 그들은 증명했다. 얼굴을 대신한 두 캐릭터 뒤에는, 타인의 어려움을 이해하고 그들의 언어로 말을 건네려는 따뜻한 '사람'이 있다. 이것이 바로 캔들스토리TV가 수많은 경제 채널 홍수 속에서도 빛을 잃지 않는 이유다.

[사진 출처: '캔들스토리TV' 유튜브 채널 갈무리]

'캔들스토리TV' 채널 주인장분들도 콘텐츠에서 강조하고, 즐겨 시청하는 사람으로서 최고로 뽑는 이 채널의 수식어는 '친구가 해준 김치볶음밥 같은, 문턱 낮은 경제 정보 채널'이다. 메인 진행자이자 채널지기인 '캔들피그' 님과 게스트인 '김화백' 님 두 분이 대화 형식으로 풀어가는 이야기를 찬찬히 듣다보면 경제에 대한 배경지식이 전혀 없는 사람들도 편하고 가볍게 다양한 경제 이야기와 친숙해지는 것이 이 채널의 매력이다.

"경제도, 역사도, 우리 사는 이야기도, 결국은 '사람'입니다"

이희대 캔들스토리TV의 상징은 역시 두 분의 캐릭터입니다. 특히 '김화백' 님은 이름 때문에 미술 전공자냐는 오해를 많이 받으신다던데, 이 캐릭터 이름의 탄생 비화가 궁금합니다.

김화백 [웃음] 사실 미술과는 전혀 관련이 없습니다. 단순히 유튜브 활동을 위해 지은 예명인데, 의외로 많은 분들이 진짜 화가냐고 물어보시더라고요.

캔들피그 처음에 얼굴 공개를 꺼리는 김화백 님을 설득하기 위해 캐릭터를 내세워 진행하는 콘셉트를 제안했어요. "검은 화면에 목소리만 나오면 너무 삭막하니까, 캐릭터라도 세워두자"라고 꼬셨죠. 그게 지금의 캔들스토리TV의 아이덴티티가 되었습니다.

이희대 경제 채널이지만 역사, 사회, 군사 등 다루는 주제가 굉장히 광범위합니다. 콘텐츠를 두 가지 코너인 '나불대화'와 '이런저런'으로 나누어 운영하시는데, 특별한 이유가 있나요?

캔들피그 현실적으로 한 사람이 모든 영상을 깊이 있게 준비하는 게 힘들어서 역할을 나눴습니다. '나불대화'는 저와 김화백 님

이 대화하듯 경제나 금융 이슈를 실제 사례 중심으로 풀어
가는 코너고요.

김화백　'이런저런'은 캔들피그 님이 혼자 진행하시는데, 장르를 불
문하고 상식이 될 만한 역사나 과학 등 다양한 주제를 나룹
니다. 마치 경제 잡지를 보면 경제 기사만 있는 게 아니라
문화나 역사 칼럼도 있듯이, 저희 채널도 풍성한 잡지처럼
구성하고 싶었습니다.

이희대　정치나 사회 이슈처럼 민감한 주제를 다룰 때도 있는데, 캔
들스토리TV만의 화법이 있다면 무엇인가요?

캔들피그　민감한 내용을 직설적으로 다루면 의도와 다르게 해석될 오
해가 있어서, 저희는 종종 해당 분야의 역사나 세계사의 사
례에 빗대어 에둘러 표현합니다.

김화백　신기하게도 시청자분들이 그 속뜻을 기가 막히게 알아채시
더라고요. 댓글을 보면 "아, 지금 이 상황을 빗댄 거구나."
하고 무릎을 치시는 분들이 많습니다. 그럴 때마다 우리 구
독자분들의 내공이 대단하다고 느낍니다.

이희대　본업과 병행하시느라 수영이나 야구 같은 취미 생활도 포기
하셨다고 들었습니다. 그럼에도 불구하고 이 채널을 지속하
게 만드는 원동력은 무엇인가요?

김화백　솔직히 시간에 쫓길 때가 많습니다. 좋아하는 메이저리그

중계도 못 챙겨 볼 정도니까요. 하지만 영상을 올리고 구독자분들이 남겨주시는 댓글을 보면 또 다른 보람을 느낍니다. 10만 구독자 달성을 앞두고 있을 때는 댓글로 카운트다운을 해주시는 분들도 계셨습니다. 얼굴 한번 못 본 사이인데 자기 일처럼 기뻐해 주시는 모습에 큰 감동을 받았습니다.

이희대 앞으로 캔들스토리TV가 나아가고자 하는 방향이나 목표가 있다면요?

캔들피그 경제에 대한 낯섦만 제거해도 성공이라는 생각으로 시작했습니다. 앞으로도 누구나 배경지식 없이, 부담 없이 이야기 듣듯 즐길 수 있는, 친구 같은 경제 채널로 남고 싶습니다.

캐릭터가 된 사람들

영향력을 설계하는 '호모 인플루언서'들에게 자아는 고정된 실체가 아니라, 무대와 타깃에 맞춰 전략적으로 구축된 '페르소나'다. 이들은 자신의 외형적 특징, 목소리의 질감, 혹은 이루지 못한 꿈까지도 캐릭터의 재료로 삼아 대체 불가능한 세계관을 완성했다.

쏘대장

작지만 강한 요정, 버추얼 분야까지 확장하는 트렌드 적응력

쏘대장은 147cm의 작은 체구와 요정 같은 용모, 조용한 말투 그 자체를 독보적인 캐릭터로 설계했다. 트위치에서 시청자 1명으로 시작한 그녀는 자신의 신체적 특징을 숨기기보다, 키 221cm의 거구 하승진 선수와의 콜라보를 통해 '극단적 대비'라는 시각적 서사를 만들어 내며 1,000만 뷰의 주인공이 되었다. 그녀의 진짜 저력은 멈추지 않는 변주에 있다. 롱폼에서 숏폼으로의 변화에 적응하기 위해 끊임없이 데이터를 분석하고, 최근에는 자신의 캐릭터를 투영한 버추얼 아바타를 도입해 가상 세계로 자아를 확장했다. 그녀에게 캐릭터란 고정된 틀이 아니라, 시대의 흐름을 타고 진화하는 유연한 생명체다.

소리를 빚는 장인, 목소리로 기억되는 페르소나 마스터

'연쭈yeonzzu' 채널의 김연주는 보이지 않는 '소리'를 통해 자아를 각인시킨 '소리 설계자'였다. 그녀는 탭핑Tapping, 위스퍼링Whispering 등 정교한 트리거로 시청자에게 '팅글Tinggle'[15]이라는 감각적 쾌락을 선물하며, 단순한 유튜버를 넘어선 종합 예술 장인의 면모를 보여줬다. 특히 1대 1 대화 환경에 최적화된 '롤플레이Role-play'[16]는 그녀의 캐릭터에 강력한 생동감을 부여했다. 유튜브를 통해 독학한 기술로 3DIO 마이크 등 전문 장비를 운용하며 일주일에 3회 이상 꾸준히 소리를 배달했던 그녀의 성실함은, '연쭈'라는 브랜드를 시청자의 머리맡에 놓인 가장 친근한 페르소나로 각인시켰다. 유튜브 운영을 마무리한 지금, 그녀의 선한 영향력은 화면 밖 현실에서 계속되고 있다. 오랜 시간 이어온 기부 활동의 연장선에서 현재는 지역 어르신들을 위한 시설인 '더돌봄노인복지센터'를 운영하고 있다. 과거 온라인 공간에서 소리로 위로를 전했던 그녀는 이제 지역 사회의 실질적인 돌봄을 통해 자신의 브랜드를 더 깊은 가치로 완성해 나가는 중이다.

---

15 팅글(Tinggle): '따끔거리거나 전율하다'라는 뜻의 영어 단어 'Tingle'에서 유래한 말로, 주로 ASMR 콘텐츠를 시청할 때 머리나 등줄기에서 느껴지는 기분 좋은 소름이나 미세한 자극을 일컫는다.

16 롤플레이(Role-play): 어떤 상황을 설정하고 그 안에서 특정 역할을 수행하는 역할극을 의미한다. ASMR 콘텐츠에서는 시청자에게 몰입감을 주기 위해 병원, 미용실 등 특정 상황을 연출하는 장르로 통용된다.

혜봉(Hyebong)

PD 지망생에서 '나' 자체가 브랜드인 인플루언서로

혜봉은 미디어학과에서 드라마 PD를 꿈꾸던 대학생 시절, 조직의 부품이 되기보다 자신이 매개체가 되는 소통을 선택하며 자아를 재설계했다. 그녀는 '뷰티 크리에이터'라는 장르에 갇히지 않고, 본명 조혜빈과 회화 작가명 '쪼대로'를 오가며 라이프 스타일 전반을 브랜드화했다. 캠핑, 클라이밍, 언박싱 등 다양한 영역으로 확장된 그녀의 콘텐츠는 특정 소재가 아니라 '혜봉'이라는 인물의 매력에 팬들이 응답하게 만든다. 'PD가 아닌 크리에이터로서 세상과 소통하는 진짜 꿈을 잡은 자'라는 평가처럼, 그녀는 스스로가 콘텐츠의 중심이 되는 자유로운 창작자의 길을 걷고 있다.

빨강도깨비

데이터로 시청 시간을 훔치는 '영화 예능'의 개척자

빨강도깨비(김학)와는 특강 강사로 초청된 강의실에서 처음 인연을 맺었다. 그는 '영화 유튜버계의 맏형'답게 학생들과 뜨겁게 소통하며 깊은 인상을 남겼다. 대한민국 1세대 영화 유튜버이자 단순 리뷰를 넘어 '영화 예능'이라는 장르를 개척한 독보적인 크리에이터인 그는, 남의 방식을 베끼기보다 보편적인 가치를 자신만의 색깔로 재해석하는 것을 크리에이터의 본분으로 삼는다. 그의 진짜 무기는 감感이 아닌 정교한 데이터다. "재미있는 영상에는 시청자가 오래 머문다"라는 본질을 간파한 그는, 실패했던 영상조차 섬네일과 제목 교체만으로 4만 뷰에서 200만 뷰의 대박 콘텐츠로 심폐 소생시키며 '바이럴 신화의 탄생'을 몸소 증명했다. 숏폼이 범람하는 시대에도 기획 단계부터 데이터에 기반해 시청자의 시간을 점유하는 그의 행보는, 후배들에게 여전히 변치 않는 영감을 주는 교과서와 같다.

햄버거와 초콜릿 브랜드까지,
자아의 확장이 곧 비즈니스다

**"당신의 자아가 하나의 브랜드가 되었을 때,
비즈니스는 그 자아의 영토 확장이 된다"**

미스터비스트는 자신의 캐릭터를 단순히 영상 속에 가두지 않는다. 그는 '미스터비스트'라는 페르소나가 가진 압도적인 신뢰와 영향력을 현실 세계의 물리적 상품으로 치환했다. 그 대표적인 사례가 햄버거 브랜드인 '미스터비스트 버거 MrBeast Burger'와 초콜릿 브랜드인 '피스터블Feastables'이다.

그의 비즈니스 방식은 철저히 자아 설계의 연장선에 있다. 피스터블 초콜릿을 출시한 그는 월마트 매장에서 진열 상태가 흐트러지는 문제까지 놓치지 않으며, 현장 데이터를 수집하고 개선점을 찾는 데 집요함을 보였다. 이러한 태도는 영상 섬네일을 108번 교체하던 그의 광적인 집착과 일맥상통한다. 나아가 그는 이 문제를 해결하기 위해 전 세계 팬덤을 실시간 관리 인력으로 전환하는 영리한 전략을 구사했다. 팬들에게 매대 정리를 하나의 '미션'으로 제안해 놀이처럼 참여하게 함으로써, 전통적인 기업이 막대한 비용을 들여야 했던 유통 관리의 한계를 팬덤의 자발적 에너지로 돌파한 것이다.

미스터비스트는 단순히 제품을 파는 것이 아니라, '미스터비스트가 만든 세계

라면 믿을 수 있다'라는 팬들과의 강력한 관계와 자아 정체성을 파는 것이다.

수익의 100%를 다음 콘텐츠와 비즈니스에 쏟아붓는 그의 '재투자 플라이휠

Flywheel'[17] 전략은, 자아의 확장이 어떻게 누구도 따라올 수 없는 거대한 비즈

니스 제국으로 진화하는지를 보여주는 가장 완벽한 사례다.

호모 인플루언서에게 비즈니스란 단순히 돈을 버는 수단이 아니다. 그것은 자

신의 자아가 세상과 만나는 접점을 넓히고, 그 영향력의 크기를 실질적으로 증

명해 내는 설계의 최종 단계다.

'미스터비스트 버거'의 매장 매대 디자인[사진 출처: 유튜브 @resilentos 영상 캡처, CC BY 3.0]

---

17 재투자 플라이휠(Flywheel): 플라이휠이란 반복적인 투자와 성과가 맞물리며 성장 속도
   가 점점 가속되는 선순환 구조를 뜻하는 경영 용어이다. 이 개념은 제프 베이조스(Jeff
   Bezos)가 아마존(Amazon) 성장 전략을 설명하면서 유명해졌고, 이후 스타트업·크리에이
   터 비즈니스 분야에서도 널리 쓰이게 되었다. 재투자 플라이휠은 이렇게 발생한 수익을 다
   시 콘텐츠와 사업에 재투자해 더 큰 성과를 만들고, 그 성과가 다시 더 큰 수익으로 이어지
   는 선순환 구조를 뜻한다.

관계를 설계하는 사람들
(Relationship)

9장

스맵

승부의 세계를 떠나, 소통의 리그로

최악의 탑 라이너에서 세계 1위가 되기까지
"잘하는 것보다 편안한 것, 이기는 것보다 오래가는 것"
프로게이머가 은퇴 후 팬들과 관계를 다시 짓는 법

10년 전만 해도 '게임하는 것을 직업으로 삼는다'는 말을 진지하게 받아들이는 이들은 많지 않았다. 밤새워 게임을 하는 자녀의 등짝을 때리던 부모님의 걱정이 당연한 시대였다. 그런데 어느새 게임은 거대한 산업이 되었고, 게이머는 전 세계가 주목하는 스타가 되었으며, 그들의 삶은 이제 직업을 넘어 한 사람의 인생을 관통하는 중요한 서사로 자리 잡았다.

〈리그 오브 레전드League of Legend〉라는 온라인 게임의 경기장에는 수천 명의 관중이 숨죽여 지켜보는 유리 부스가 있고, 그 안에는 헤드셋을 낀 채 모니터 속 전장에 모든 신경을 집중한 앳된 청년들이 앉아 있다. 그들에게 세상은 0과 1, 승리와 패배, 환호와 비난이라는 이분법으로만 존재한다. '스맵Smeb'이라는 아이디로 불리던 송경호 역시 그 냉혹한 세계의 중심에 섰던 인물이다.

그의 프로게이머 커리어를 한 문장으로 요약하자면 '잘해서 시작했고, 못해서 성장했다'일 것이다. 2013년 데뷔 당시 그는 '한국 최악의 탑 라이너Top Liner'[18]라는 불명예스러운 별명을 얻을 만큼 혹독한 신고식을 치렀다. 팀원들조차 그를 신뢰하지 않았던 시기, 그는 좌절하는 대신 '박봉춘'이라는 낯선 아이디로 신분을 숨기고 다시 바닥부터 랭킹을 올리며 실력을 증명해 내려고 고군분투했다.

그 선택은 불과 2년 만에 결과로 돌아왔다. 그는 LCK[19] 우승과 월드 챔피언십 준우승, 두 차례 정규시즌 MVP를 거머쥐며 세계 최고의 자리에 올랐다. 〈리그 오브 레전드〉 역사의 한 페이지를 장식하게 된 것이다. 트로피를 들어 올리던 순간, 팬들은 그를 우러러봤고 그는 환호에 손을 흔들어 답했다. 세상은 트로피를 들어 올린 승자에게만 조명을 비추지만, 스맵은 승리라는 결과보다 자신을 증명해 내는 '과정'의 무게를 견뎌온 사람이었다.

그러나 2020년, 화려했던 프로 생활에 마침표를 찍고 은퇴를 선언

---

18 탑 라이너(Top Liner): 〈리그 오브 레전드〉에서 맵 상단에 배치되는 포지션으로, 혼자 버티는 시간과 팀을 이끄는 판단력이 동시에 요구되는 역할이다.

19 LCK: '리그 오브 레전드 챔피언스 코리아(League of Legends Champions Korea)'의 줄임말로, 이 게임의 개발사인 '라이엇 게임즈'가 직접 운영하는 국내 공식 〈리그 오브 레전드〉 프로 리그이다.

했을 때, 그는 지도자나 해설가라는 익숙한 길 대신 '전업 스트리머'라는 낯선 항로를 택했다. 많은 이들이 이 선택을 단순한 '직업의 전환'으로 보았지만, 사실 그것은 그가 10년간 맺어온 세상과의 '관계를 재설계'하는 과감한 실험이었다. 경기장이라는 거대한 무대가 사라진 자리, 5평 남짓한 방 안에서 그는 다시 헤드셋을 썼다. 하지만 이번에는 승리를 위해서가 아니라, 소통을 위해서였다.

그의 방송에는 독특한 풍경이 있다. 과거 경기장에서 그의 플레이에 열광하던 팬들이 이제는 그의 방송 채팅창을 관리하는 '매니저'가 되어 있다. 누군가는 악플을 걸러내고, 누군가는 방송의 분위기를 띄운다. 수직적이었던 '우상과 팬의 관계'가, 서로의 부족함을 채워주고 등을 맞대는 수평적인 '파트너' 관계로 진화한 것이다. 스맵은 말한다. "프로게이머 시절에는 내가 잘하는 모습을 보여주는 것이 팬 서비스라고 생각했어요. 하지만 지금은 내가 망가지는 모습, 실수하는 모습, 심지어 술 한잔하고 솔직하게 속마음을 터놓는 고민까지 보여주는 것이 진짜 소통이라는 것을 깨달았어요."

그는 자신을 '2부 리그'가 아닌 '새로운 리그'의 플레이어로 정의한다. 프로게이머 시절 그가 증명해야 했던 가치가 '압도적인 실력'이었다면, 스트리머로서 그가 증명하고 있는 가치는 '편안한 지속성'이다. 화려한 피지컬로 상대를 제압하던 '탑신병자'[20]의 독기는 사라지

---

20 탑신병자: 〈리그 오브 레전드〉 커뮤니티에서 사용되는 속어로, 탑 라인을 맡은 플레이어 중 팀플레이보다 개인행동을 우선하고, 패배의 책임을 타인에게 돌리는 유형을 비꼬아 부르는 표현이다.

고, 그 자리에는 퇴근길 직장인들이 맥주 한 캔을 따며 감정을 나눌 수 있는 '동네 형'의 편안함이 자리 잡았다. 그는 억지로 텐션을 높이거나 자극적인 콘텐츠로 알고리즘의 선택을 받으려 애쓰지 않는다. 대신 매일 정해진 시간에 방송을 켜고, 팬들의 이름을 불러주며 일상을 공유한다.

물론 그 과정이 순탄치만은 않다. 하루 10시간 이상, 길게는 12시간씩 이어지는 방송은 프로게이머 시절의 합숙 훈련보다 더한 체력적, 정신적 소모를 요구한다. 승패가 명확히 갈리는 게임과 달리, 끝이 없는 소통의 바다에서 그는 때로 지치고 방황하기도 한다. 하지만 그는 '게임은 끝났지만, 플레이는 계속된다'는 마음으로 오늘 밤도 방송 조명을 켠다. 승리보다 값진 것은 '사람'이며, 트로피보다 빛나는 것은 '공감'이라는 사실을 깨달았기 때문이다. 스맵의 방송은 단순한 게임 방송이 아니다. 그것은 고단한 시대를 살아가는 우리 모두가 잠시 짐을 내려놓고 쉴 수 있는, 디지털 공간에 지어진 따뜻한 '사랑방'이다.

[사진 출처: 〈디지털타임스〉 박동욱 기자, '스맵' 인스타그램 사진 갈무리]

스맵(송경호)은 선수 시절 600회가 넘는 〈리그 오브 레전드〉 공식 경기에 출전하며, 한국 e스포츠 1세대와 2세대의 교차점에서 활약한 살아있는 역사다. 세계 무대를 누비며 '탑 라이너'로서 전설적인 '펜타킬Penta Kill'[21] 장면을 만들어 내는 등 혁신적인 플레이를 선보인 그는, 두 차례나 정규 시즌 MVP를 거머쥐며 최고의 전성기를 구가했다. 프로 무대를 떠난 이후 스트리머로 전향한 그는 팬과의 '관계 재설정'이라는 과감한 실험을 통해, 단순한 소통을 넘어 긴밀한 정서적 유대를 이어가고 있다.

---

21 펜타킬(Penta Kill): 〈리그 오브 레전드〉에서 한 플레이어가 상대 팀 전원(5명)을 연속으로 처치하는 것을 말한다. 압도적인 기량을 상징하는 최고의 명장면으로 통한다.

"나를 증명했던 건 트로피가 아니라, 바닥에서 다시 시작한 용기입니다"

이희대 화려했던 프로게이머 생활을 뒤로하고 스트리머로 전향한 지 꽤 시간이 흘렀습니다. 지금의 삶을 스스로 어떻게 정의하고 있나요? 혹시 은퇴를 후회하거나 지도자 생활을 병행하고 싶다는 생각은 안 들던가요?

스맵 저는 지금을 완전히 '제2의 삶'이라고 생각하고 있어요. 제 인생에 프로게이머 시절과는 아예 다른 챕터가 열린 거죠. 사실 코치나 감독 제의를 받았고, 실제로 한화생명 e스포츠에서 전력 분석관 직책을 잠시 맡기도 했어요. 하지만 두 가지를 병행하는 건 불가능하더라고요. 지금 제가 가장 하고 싶은 건 온전히 처음부터 만들어가는 스트리밍 방송이에요. 이걸 '새로운 리그'라고 생각하고, 여기에만 집중하고 싶습니다. 과거의 영광을 연장하는 게 아니라, 바닥에서부터 다시 저만의 집을 짓는 과정이거든요.

이희대 막상 시작해 보니 현실은 달랐을 것 같습니다. 특히 하루 10시간 이상 방송하는 강행군은 건강에도 무리가 갔을 텐데요.

스맵 맞습니다. 처음에는 "운동도 병행하면서 건강하게 방송해야지"라고 마음먹고 전역했는데, 현실은 만만치 않더라고요. 하루에 10시간, 길게는 12시간씩 방송을 하다 보니 끝나면 피곤해서 쓰러져 자고, 일어나면 피곤한 상태로 다시 방송을 켜는 악순환이 반복됐어요. 그러다 보니 몸이 망가지는 게 느껴지더라고요. 이걸 직업으로 오래 하려면 건강이 우선이라는 걸 깨닫고, 최근에는 방송 시간을 조절하면서 저만의 루틴을 다시 만들려고 노력 중입니다.

이희대　유튜브 채널과 생방송(SOOP)을 동시에 운영 중이신데, 두 플랫폼의 운영 전략은 어떻게 가져가고 있나요? 보통 유튜브 편집에 공을 많이 들이느라 스트레스를 받던데.

스맵　저는 오히려 반대 전략을 씁니다. 유튜브는 전적으로 편집자님께 맡겨버려요. 제가 유튜브 각을 잡으려고 신경 쓰다 보면, 정작 메인인 생방송의 흐름이 무너지더라고요. "생방송을 재밌게 해 놓으면 유튜브는 자연스럽게 재밌는 게 나온다"라는 게 제 지론입니다. 그래서 저는 생방송 현장에서 시청자와 호흡하는 데 100% 에너지를 쏟고, 편집자님이 그중에서 알짜배기를 골라 올려주시는 시스템으로 가고 있습니다.

이희대　편집자님과의 호흡이 중요하겠네요. 독특한 계약 방식을 쓴다고 들었습니다.

스맵　네, 편집자님과는 수익 배분(쉐어) 방식으로 계약했어요. 단순히 월급을 드리는 것보다, 채널이 성장해서 수익이 나면 같이 더 많이 가져가는 구조가 서로에게 동기부여가 될 것 같아서요. 사실 편집자님이 제가 군대 전역하기 3개월 전에 먼저 연락을 주셨어요. 실력 있는 분이 저를 선택해 주셔서 너무 감사했죠. 서로가 파트너로서 같이 큰다는 느낌이 드니까 더 열심히 하게 되는 것 같아요.

이희대 워낙 말을 잘하시고 경험도 풍부해서 강연 요청도 많았을 텐데, 한 번도 안 하셨다고요.

스맵 섭외는 정말 많이 받았어요. 그런데 다 거절했습니다. 솔직히 부담감이 컸어요. "내가 가서 이 사람들에게 도움이 될 만한 말을 조리 있게 잘할 수 있을까?" 하는 걱정이 앞서더라고요. 제가 말을 하는 직업을 갖고 있지만, 누군가에게 가르침을 준다는 건 또 다른 무게감이잖아요. 아직은 제 방송 안에서 팬들과 편하게 수다 떠는 게 더 좋습니다. [웃음]

이희대 앞으로 '스맵'의 방송은 어떤 색깔로 기억되길 바라는지, 팬들에게 전하고 싶은 메시지가 있다면요.

스맵 요즘 세상을 보면, 사람들 사이에 분노와 혐오가 너무 만연해 있잖아요. 뉴스를 봐도, 커뮤니티를 봐도 날 선 말들이 오가고요. 저는 그런 시대에 제 방송이 '웃음'과 '따뜻함'을 주는 공간이 되었으면 해요. 거창한 메시지보다, 퇴근하고 제 방송을 보면서 "아, 오늘 하루 힘들었는데 스맵 보면서 아무 생각 없이 웃었다"라고 느낄 수 있다면 그걸로 충분합니다. 게임을 잘했던 선수보다, 곁에 있으면 편안하고 즐거운 친구 같은 사람으로 남고 싶습니다.

10장

귀농의신

도시와 농촌의 경계를 허물다, 마음을 심는 커뮤니티 빌더

지방 소멸의 시대, 1인 미디어가 쏘아 올린 희망의 작물

"농사는 비즈니스다", 데이터와 스토리로 무장한 농업 큐레이터

"우리는 농산물이 아니라, 누군가의 꿈을 심고 가꿉니다"

거침없이 질주하는 시대의 흐름 속에서, 우리 사회는 '지방 소멸'과 '도농 격차'라는 거대한 절벽 앞에 서 있다. 청년들이 일자리와 문화를 찾아 수도권으로 몰려들 때, 농촌은 아이 울음소리가 끊긴 채 고령화의 그늘에 잠겨가고 있다. 이러한 인구 축소 시대에 정부는 '생활 인구'라는 개념을 도입하며 지역 활력을 도모하고 있지만, 정책보다 더 강력한 울림을 주는 것은 현장에서 몸소 '지방 시대'를 실천하고 있는 실행자들의 발걸음이다. '귀농의신' 안영주 PD는 1인 미디어라는 강력한 도구를 통해 도시와 농촌을 잇고, 새로운 공동체의 희망을 심어가는 대표적인 '커뮤니티 빌더Community Builder'[22]로 꼽힌다.

그의 여정은 2019년, 부모님이 정성껏 가꾼 블루베리 농장이 재고 처리 문제로 중대한 기로에 섰을 때 시작되었다. 정성껏 키운 작물을 가격 폭락 때문에 불태워야 했던 부모님의 절망을 목격한 아들은, 지푸라기라도 잡는 심정으로 카메라를 들었다. 방송국 뉴미디어 팀 PD 출신이었던 그는 대놓고 '사달라'는 광고 대신, 부모님이 평생 쌓아온 블루베리 농사 노하우를 진정성 있게 담아냈다. 6개월간의 침묵 끝에 찾아온 반전은 놀라웠다. 유튜브 채널을 통해 공개된 전화번호로 주문이 쇄도했고, 창고에 쌓여 있던 재고는 순식간에 소진되었다. 1인 미디어의 저력이 농촌의 절망을 희망으로 바꾼 순간이었다.

안영주 PD의 진정한 성장은 자신의 농장을 넘어 전국으로 시야를 넓히면서 가속화되었다. 특히 '신품종 수국, 가을삽목의 비밀 대방출' 영상이 약 백만 조회 수를 기록하며 대박이 터진 것은 그가 전업 크리에이터로 입문하는 결정적인 전환점이 되었다. 그는 단순히 작물을 키우는 정보를 전달하는 데 그치지 않고, 성공 사례가 있는 곳이라면 혈혈단신으로 찾아가 농장주들의 진심을 인터뷰했다. 그는 1인 미디어에서 가장 중요한 것은 기술과 장비가 아니라 '무엇을 찍느

---

22 커뮤니티 빌더(Community Builder): 사람들을 연결해 공동체를 형성하고 지속시키는 역할을 하는 주체를 뜻한다.

냐'와 '어떻게 전달하느냐'임을 간파했다. 핸드폰 하나로 시작된 그의 촬영은 오히려 농민들에게 거부감 없이 다가가는 소통의 도구가 되었고, 이는 곧 '귀농의신'만의 독보적인 현장감으로 자리 잡았다.

안영주 PD가 설계하는 관계의 핵심은 시청자의 '고통'에 집중하는 것이다. 그는 대중이 궁금해하는 것, 즉 농업 현장에서 겪는 실제적인 문제를 해결해 줄 때 강력한 유대감이 형성된다고 믿는다. 예를 들어, 장미를 예쁘게 피우는 법보다 '장미를 죽이지 않는 법'이나 '진드기를 퇴치하는 법'처럼 농민들의 손실 회피 심리를 자극하고 실질적인 도움을 주는 콘텐츠를 기획한다. 또한 그는 평면적인 영상이 아닌 '시간의 흐름'을 담은 '4차원 영상'을 추구한다. 씨앗이 발아하여 열매를 맺고 가족의 식탁에 오르기까지의 긴 과정을 압축해서 보여줄 때, 시청자는 그 성장의 서사에 깊이 몰입하며 크리에이터와 정서적 공동체가 된다.

그는 온라인을 넘어 오프라인 비즈니스와 커뮤니티로 영향력을 확장하며 '호모 인플루언서'로서의 전형을 보여준다. 그는 스마트 스토어를 통한 나무 판매를 넘어, 원데이 클래스 교육과 독서 모임인 '파는 농부들'을 운영하며 농업 비즈니스의 선순환 구조를 설계했다. 농사는 단순히 땀을 흘리는 노동이 아니라, 치밀한 마케팅과 브랜딩이 결합한 '비즈니스'여야 한다는 것이 그의 지론이다. 이러한 노력은 과학기술정보통신부 장관상 수상과 한국 명예 신지식 농업인 선정이라는 성과로 이어졌고, 그는 이제 'We Plant Your Dream(우리는 당신의 꿈을 심습니다)'이라는 모토 아래 예비 귀농인들에게 꿈을 전파하는 큐레이터로 활동하고 있다.

안영주 PD는 무대를 넓혀, 이제 국경을 넘보고 있다. 네덜란드의 정밀 농업 현장을 취재하며 '농업은 정밀한 비즈니스'라는 마인드셋을 이식받은 그는, 한국 농업이 가야 할 길을 글로벌한 시각에서 제시한다. 그는 네덜란드 농장주들이 입구부터 사무실까지 청결을 유지하고 포트 색깔 하나까지 브랜딩을 위해 통일하는 모습에서 깊은 영감을 얻었다. 이제 그는 독일 농업 박람회 참가를 기획하며 국내 농업인들과 함께 세계로 나아가는 '연결자' 역할을 자처한다. 인공지능이 창작을 대신하는 시대에도, 현장에서 마주하는 '진짜 사람의 이야기'와 '축적된 시간'은 결코 대체될 수 없다는 것이 그의 확신이다.

안영주 PD의 시간은 오늘도 현장의 흙 내음과 디지털의 맥박 사이에서 농촌의 새로운 미래를 길러내고 있다. 그는 예비 귀농인들에게 말한다. "귀농하기 전부터 SNS에 자신의 준비 과정을 기록하십시오. 당신의 고민과 실패를 지켜본 구독자들이 훗날 당신의 가장 강력한 우군이자 고객이 될 것입니다." 도시와 농촌, 가상과 현실을 잇는 그의 실험은 1인 미디어가 어떻게 한 지역의 산업 구조를 바꾸고 새로운 공동체의 유대감을 형성할 수 있는지를 명확히 보여주는 이 시대의 소중한 기록이다.

[사진 출처: 〈디지털타임스〉 박동욱 기자, '귀농의신' 유튜브 채널 갈무리]

'귀농의신'은 농업에 관심이 높은 구독자들을 위해 유용한 정보를 제공하는 콘텐츠 전문 제작자임과 동시에, 국내외 성공 사례를 취재하며 쌓아온 노하우를 기반으로 유망 트렌드 농작물 소개와 현장 체험 교육 등을 진행하는 농업 기업으로, 양수겸장을 아우르는 1인 미디어의 모범 사례다. 과학기술정보통신부의 전업 크리에이터 육성 사업 '창창 프로젝트'에서 '귀농의신'이 과기부 장관상의 영예를 안게 된 배경이기도 하다.

"카메라 뒤에 숨겨진 땀방울,
그것이 농업 콘텐츠의 본질입니다"

이희대 2023년 '크리에이터의 밤'에서 장관상을 받으셨을 때 정말 기뻐하시던 모습이 기억납니다. 부모님 블루베리 농장을 돕기 위해 시작한 일이 여기까지 올 줄 아셨나요?

안영주 전혀 몰랐죠. 당시엔 정말 절박했습니다. 시장에 물량이 쏟아지면서 가격이 폭락하자 부모님이 평생 일군 블루베리를 폐기 처분하겠다고 불을 지르시는 걸 보면서 '뭐라도 해야겠다.' 싶어 카메라를 들었거든요. 처음 6개월간은 아무 반응이 없어서 부모님 눈치도 많이 보였는데, 어느 날 갑자기 기적 같은 일이 벌어졌습니다. 경상도 사투리를 쓰는 분께 주문 전화가 오더니, 나중에는 고객들이 농장 주소를 알아내 직접 찾아오셔서 "우리가 알아서 따 갈 테니 계좌번호만 주세요"라고 하시는 거예요. 망하기 직전의 농장에서 한쪽은 철거하고 한쪽은 물건을 파는 진풍경이 벌어졌죠. 그때 유튜브라는 도구가 가진 힘을 뼈저리게 실감했습니다.

이희대 농업 콘텐츠가 레드오션이라고 하지만, '귀농의신'만의 조회수 치트 키가 있다고 들었습니다. '고통'에 집중하신다고요?

안영주 맞습니다. 사람들은 '잘 키우는 법'보다 '안 죽이는 법'에 더 관심이 많아요. 예를 들어 장미를 예쁘게 키우는 영상보다, '장미를 죽이는 진드기를 퇴치하는 법'을 올리면 조회 수가 훨씬 잘 나옵니다. 농부들이 겪는 현실적인 고통과 문제를 해결해 줄 때 시청자들은 반응하거든요. 또 하나는 '4차원 영상'입니다. 단순히 정보를 나열하는 게 아니라 씨앗부터 열매가 맺히고 가족이 함께 나눠 먹기까지의 '시간의 흐름'을 오롯이 담는 거죠. 약 1,360만 뷰를 기록한 수박 영상도 핸드폰 두 개로 그 긴 과정을 찍은 건데, 심지어 촬영 중에 키우던 강아지가 새끼를 낳는 장면까지 우연히 담겼어요. 인간의 눈으로 볼 수 없는 성장의 시간을 압축해서 보여줬을 때 독자들은 열광합니다.

이희대 네덜란드와 미국 등 해외 농업 현장도 많이 다니셨잖아요. 현장에서 느낀 가장 큰 문화 충격은 무엇이었나요?

안영주 네덜란드는 농업을 대하는 마인드 자체가 달랐습니다. 우리나라는 보통 농사일을 마친 후 정리를 하는데, 그들은 '정리를 먼저 하고 농사를 짓는다'는 원칙이 있어요. 입구부터 사무실까지 먼지 하나 없이 깨끗했고, 농장주들이 브랜딩을 위해 포트 하나, 의자 색깔 하나까지 통일하는 등 '정리 상태'로 서로 기싸움을 하더라고요. 그걸 보며 '농업은 단지 흙만 만지는 일이 아니라 정밀한 비즈니스구나'라는 걸 뼈저리게 느꼈

습니다. 미국 농장은 끝에서 끝까지 가려면 헬리콥터를 타야
할 정도로 압도적인 스케일이었고요. 그런 차이를 보면서 한
국 농업이 가야 할 길, 특히 브랜딩의 중요성을 깊이 고민하
게 됐습니다.

이희대 귀농을 꿈꾸거나 농업 콘텐츠를 시작하려는 분들에게 가장
강조하고 싶은 것이 있다면요?

안영주 무조건 '실행'과 '기록'입니다. 많은 분이 귀농해서 농작물이
나오면 그때부터 홍보를 하려고 해요. 그러면 늦습니다. 귀
농을 준비하는 과정, 땅을 보러 다니고 실패하고 고민하는 그
과정 자체를 SNS나 유튜브에 솔직하게 기록하세요. 사람들
은 완벽한 모습보다 부족한 사람이 성장하는 모습에 마음을
엽니다. "저 땅 사야 하는데 어떡하죠?"라고 물으면 사람들이
도와주고 싶어 하거든요. 그렇게 내 스토리를 봐온 구독자들
은 나중에 내 농산물이 나오면 가격을 따지지 않고 사주는 가
장 강력한 팬이 됩니다. 농업은 결국 '스토리텔링'의 싸움이
고, 그 이야기는 준비하는 순간부터 이미 시작된 것입니다.

이희대 콘텐츠 수익 외에도 다양한 비즈니스 모델을 구축하신 걸로
압니다.

안영주 유튜브 조회 수 수익만으로는 한계가 있습니다. 저는 스마트
스토어에서 묘목을 판매하고, 원데이 클래스를 열어 교육하

고, ‘파는 농부들’이라는 독서 모임을 만들어 농업인들과 함께 마케팅을 공부합니다. 영상은 저를 알리는 수단이고, 실제 수익은 나무 판매와 교육, 커뮤니티에서 나오죠. 크리에이터가 롱런하려면 콘텐츠를 기반으로 자신만의 비즈니스 생태계를 만들어야 합니다.

이희대 마지막으로, 안영주 PD님이 그리는 ‘귀농의신’의 최종 목표는 무엇입니까?

안영주 단순한 유튜브 채널을 넘어, 농업인들이 서로 고민을 나누고 판로를 찾는 거대한 플랫폼을 일구고 싶습니다. 올해도 독일 농업 박람회에 국내 농업인들과 함께 투어를 갈 예정인데, 이렇게 한국 농업의 시야를 세계로 넓히는 ‘연결자’ 역할을 계속하고 싶어요. 제 채널의 슬로건인 ‘We Plant Your Dream(우리는 당신의 꿈을 심습니다)’처럼, 누군가의 꿈에 씨앗을 뿌리고 함께 가꾸는 일, 그것이 제가 유튜브 콘텐츠를 통해 이루려는 평생의 목표입니다.

말괄량이 박삐삐

경계 없는 소통,
팬과 함께 라이브 무대를 지어가는 말괄량이 스트리머

양 갈래 머리 뒤에 숨겨진 10년의 성실함

K리그와 e스포츠 현장을 누비는 만능 엔터테이너

"팬들과 함께 늙어가는 한결같은 사람이 되고 싶다"

아스트리드 린드그렌Astrid Lindgren의 동화 『삐삐 롱스타킹Pippi Långstrump』의 주인공 '삐삐 롱스타킹(말괄량이 삐삐)'은 어른보다 힘센 팔뚝과 무한한 상상력으로 일상의 권위에 통쾌하게 반항하며 전 세계 아이들의 우상이 되었다. 오늘날, 한국의 1인 미디어 생태계에도 이 동화 속 캐릭터를 현실로 불러낸 인물이 있다. 바로 이름부터 예사롭지 않은 박삐삐다. 그녀는 2D나 3D 아바타가 유행하는 버추얼 시대의 한복판에서도 오직 자신의 날것 그대로인 표정과 털털한 입담으로 남녀노소, 세대와 지역을 아우르는 독보적인 팬덤을 구축했다. 주근깨와 양 갈래 머리로 상징되는 그녀의 이미지는 단순한 콘셉트를 넘어, 시청자들에게 무척 친근하고 유쾌한 '우리 동네 대장'의 모습으로 각인되어 있다.

박삐삐의 여정은 10년 전, 고등학교 3학년 시절 아버지가 선물해준 작은 노트북 앞에서 시작되었다. 당시 싸이월드Cyworld나 페이스북 등 SNS를 통해 대중의 관심을 즐기던 평범한 소녀는 '끼가 많으니 직접 방송을 해보라'는 친구의 권유에 무작정 인터넷 방송을 켰다. 대학에서 체육 교육을 전공하며 임용고시를 준비하던 사범대생이었지만, 교육 실습 현장에서 그녀는 자신의 정체성을 재확인한다. 한자리에 오래 앉아 아이들을 가르치는 일보다, 카메라 앞에서 자신의 끼를 발산하며 세상과 소통하는 것이 스스로를 더 가치 있게 만든다는 사실을 깨달은 것이다. 결국 안전한 교사의 길 대신 불확실한 스트리머의 길을 선택하게 한 것은, 단순한 인기를 넘어 세상과 더 넓은 접점을 설계하려는 그녀만의 용기였다.

그녀가 설계하는 관계의 핵심은 '벽 없는 대화'다. 박삐삐의 라이브 방송은 특정 연령대에 갇히지 않는다. 그녀는 딸처럼, 친구처럼, 때로는 든든한 고민 상담사처럼 어르신 팬들과도 격의 없이 소통한다. "가족에게 말 못 할 고민이 있다면 그냥 채널에 와서 이모티콘 하나만 보내도 된다"라는 그녀의 말은, 디지털 공간이 단순한 정보 전달의 장을 넘어 정서적 안식처가 될 수 있음을 시사한다. 이러한 털털함은 98%에 달하는 남성 팬덤 사이에서도 그녀를 '여성 스트리머'라는 프레임에 가두지 않고, '의리 있는 대장'이자 '찐 남매'로 지지하게 만든 원동력이 되었다.

　최근 박삐삐는 자신의 활동 무대를 K리그와 e스포츠 현장으로 확장하며 또 한 번의 진화를 보여주고 있다. 단순히 화면 앞에서 게임을 즐기는 것에 그치지 않고, 직접 전국의 축구 구장을 돌며 팬들과 현장감을 나누는 '현장형 관계'의 달인으로 거듭난 것이다. 특히 저작권 문제로 화면을 송출할 수 없는 상황에서도 오직 입담만으로 경기를 해설하는 '입중계' 콘텐츠는 팬들에게 신선한 재미를 선사했다. 그녀는 팬들이 댓글로 구단의 특색을 알려주면 그것을 다시 자신의 서사로 만들어 내는 쌍방향 소통을 통해, 1인 미디어가 어떻게 지역 스포츠 문화와 결합할 수 있는지를 몸소 증명하고 있다.

　e스포츠 분야에서도 그녀의 활약은 눈부시다. 과거 스타크래프트 게임 대항전에서 '바스포드'라는 팀의 일원으로 활동하며 보여준 집념은 유명하다. 게임 실력이 부족해 팀에 피해를 주기 싫어서 밤잠을 줄여가며 연습에 매진했고, 결국 팀원들이 모두 패배한 상황에서 홀로 1승을 거두며 자신의 가치를 증명해 냈다. 이러한 경험은 그녀가 단순한 예능 스트리머를 넘어, e스포츠와 K리그를 잇는 스포츠 전문 크리에이터로 도약하는 밑거름이 되었다. 그녀는 현재 LCK 현장을 직접 방문하고 젠지Gen.G 구단 등과 협업하며 팬들에게 스포츠의 즐거움을 폭넓게 전달하고 있다.

　이러한 만능 엔터테이너로서의 역량은 2024년 'SOOP 스트리머 대상' 시상식에서 정점에 달했다. 그녀는 대형 무대의 MC를 맡아 매끄러운 진행 능력을 선보였을 뿐만 아니라, '보이는 라디오' 부문 '올해의 스트리머 대상'을 수상하며 실력과 스타성을 동시에 인정받았다. 사회자에서 수상자로, 다시 축하 무대의 주인공으로 쉼 없이 변신하는 그녀의 모습은 1인 미디어 시대의 크리에이터가 갖춰야 할 다재다능함의 표본을 보여주었다. 이는 단순히 운이 아니라, 지난 10년 동안 끊임없이 변화하는 플랫폼 환경에 적응하며 자신의 무대를 확장해 온 성실함의 결과다.

박삐삐라는 창작자가 지닌 가장 강력한 무기는 '한결같음'이다. 10년 전 교복을 입고 처음 방송을 켰을 때부터 지금까지, 그녀는 조회수나 유행에 일희일비하기보다 팬들과 함께 성장하는 과정을 소중히 여긴다. 팬들이 그녀의 슬픈 표정을 캡처해 '넙치'라는 이모티콘을 만들어 놀려도, 그녀는 그조차 '우리만의 유대감'이라며 포용한다. '어디에 내놔도 부끄럽지 않은 스트리머로 남고 싶다'는 그녀의 다짐은, 자극적인 콘텐츠가 범람하는 미디어 생태계에서 '진정성'이라는 가치를 설계한 결과다. 박삐삐는 오늘도 라이브 스트리밍을 통해 현장의 열기와 디지털의 맥박 사이에서 사람과 사람을 잇는 따뜻한 관계의 그물망을 확장해 나가고 있다.

[사진 출처: 〈디지털타임스〉 박동욱 기자, '말괄량이 박삐삐' 프로필 사진과 유튜브 채널 갈무리]

박삐삐의 콘텐츠는 다양한 표정과 시그니처 리액션, 티키타카 소통으로 유명하다. 또 그녀의 채널은 남녀노소 누구나 편하게 찾아와 이야기 나눌 수 있는 '벽 없는 대화'가 특징이다. 실제로 그녀의 채널에서는 육아, 연애, 인생 고민 등 다양한 사연이 오가고, 박삐삐는 특유의 털털함으로 시청자들의 이야기를 받아준다.

"카메라 앞의 10년,
시청자의 '넓치' 이모티콘까지 사랑하게 되었죠"

이희대 오늘 인터뷰는 정말 특별합니다. 10년 차 베테랑 스트리머이자 K리그 현장의 활력소, 박삐삐 님을 모셨습니다.

박삐삐 [웃음] 안녕하세요! 말괄량이 박삐삐입니다. 교수님을 뵙게 되어 정말 영광이에요. 오늘 제 지난 10년의 이야기를 탈탈 털어보겠습니다.

이희대 사범대 재학 시절 임용고시를 준비하다가 교육 실습을 다녀온 후 진로를 완전히 바꾸셨다고 들었습니다. 쉽지 않은 결정이었을 텐데요?

박삐삐 한 달 동안 학생들을 직접 가르치며 깨달았어요. 제 성격상 한자리에 오래 앉아 있는 게 너무 고역이더라고요. 그때 같이 살던 동기들이 "너 여전히 방송에 미련이 많은 것 같은데, 젊을 때 딱 1년만 제대로 해봐라"라고 등 떠밀어 줬어요. 결국 제 끼를 다 발산할 수 있는 무대는 교단보다 카메라 앞이라는 확신이 들었습니다.

이희대 e스포츠 크루인 '바스포드' 활동 당시, 게임 실력을 증명하기 위해 엄청난 노력을 하셨다고요. 살이 쏙 빠질 정도였다는 소문이 자자합니다.

박삐삐 정말 밥도 안 먹고 키보드와 마우스만 붙잡고 살았어요. 저 혼자 하는 게 아니라 팀원들과 시청자들의 기대가 걸린 일이라 피해를 주기 싫었거든요. 그때 "소통만 하던 애가 게임을 제대로 하겠어?"라는 시선을 오기로 이겨내고 싶었습니다. 결국 팀원들이 다 졌을 때 저 혼자 1승을 거뒀던 그 순간의 짜릿함은 지금도 잊을 수 없어요.

이희대 여성 스트리머로서도 드물게 98%라는 압도적인 남성 팬덤을 보유하고 계십니다. 팬들과 '찐 남매'처럼 지내는 비결이 있나요?

박삐삐 팬 미팅을 하면 남자 대원님들이 98명 오고 여자 친구들은 2명 정도 와요. 저는 팬들을 '대원'이라고 부르며 형제처럼 지냅니다. 어떤 날은 제 슬픈 표정을 캡처해서 '넙치'라는 이모티콘을 만들어 놀리기도 하는데, 그 티격태격하는 소통이 저희만의 유대감이에요. "삐삐는 한결같아서 좋다"라는 말을 들을 때가 가장 행복합니다.

이희대 스트리머를 꿈꾸는 후배들에게 '장비보다 용기'라고 항상 강조하시는데, 그 이유는 무엇인가요?

박삐삐 많은 분이 조명이나 카메라 세팅부터 완벽하게 하려고 시작을 미뤄요. 하지만 스트리머에게는 본인의 의지와 즐거움이 0순위입니다. 시청자가 단 한 명뿐이라도 나를 기다려준다는 게 얼마나 큰 축복인지 직접 경험해 봐야 해요. 억지로 하면 오래 못 갑니다. 진짜 즐길 수 있을 때 바로 노트북이라도 켜 보라고 말하고 싶어요.

이희대 마지막으로 박삐삐 님이 그리는 최종적인 목표는 무엇인가요?

박삐삐 10년 전, 아버지가 사주신 작은 노트북 앞에서 시작한 방송이 어느새 제 인생의 전부가 되었어요. 저는 앞으로도 팬들과 함께 한결같이 나이 들어가는, 어디에 내놔도 부끄럽지 않은 스트리머로 남고 싶습니다. 10년 전 교복을 입고 방송하던 저를 지금까지 지켜봐 주시는 팬분들에게, 언제나 변함없는 즐거움을 드리는 것이 제 유일한 목표입니다.

12장

크리에이티브 덴(Creative Den)

이방인의 시선으로 우리를 다시 보다, 국경 없는 청춘의 아지트

"두 유 노 김치?"라는 낡은 질문을 거부하고 "요즘 별일 없니?"를 묻다

외국인을 '구경거리'가 아닌 '동시대의 청춘'으로 마주하게 한 관계의 미학

자극적인 섬네일을 포기하고 사람을 지키는 '순한 맛'의 철학

마블 스튜디오의 영화 〈가디언즈 오브 갤럭시Guardians of the Galaxy〉 시리즈는 우주를 배경으로 다양한 외계 종족이 어우러져 살아가며 겪게 되는 이야기를 그린다. 생김새도 언어도 다르지만, 그들이 느끼는 슬픔과 기쁨, 연대와 사랑의 감정은 지구인의 그것과 다르지 않다. 영화가 주는 메시지는 명확하다. 겉모습이 달라도 우리는 모두 같은 감정을 공유하는 존재라는 것. 유튜브 세상에도 이와 비슷한 울림을 주는 채널이 있다. 한국이라는 낯선 행성에 불시착한 외국인들을 '신기한 구경거리'가 아닌 '동시대의 친구'로 맞이하는 곳, 바로

'크리에이티브 덴Creative Den'이다.

채널명인 '덴Den'은 야생 동물이 몸을 숨기는 굴, 혹은 아이들이 꾸미는 자기만의 아지트나 소굴을 뜻한다. 이 채널의 운영자인 '덴(대용)'과 '아키(보윤)'는 채널의 이름을 처음에는 직관적인 'Foreigner in Korea'로 지었다가, 나중에 'Creative Den'으로 바꾸었다. 이는 단순한 간판 교체가 아니라, 채널이 지향하는 관계의 태도가 전환되었음을 의미한다. 초기에는 단순히 '한국에 사는 외국인'을 보여주겠다는 목적이 있었지만, 점차 그들을 대상화하는 것을 멈추고 그들이 편안하게 스며들어 자신의 진짜 이야기를 꺼내놓을 수 있는 '창의적인 아지트'를 만들겠다는 선언이었기 때문이다.

이 채널의 시작은 운영자 '덴'의 지극히 개인적인 경험에서 비롯되었다. 과거 캐나다에서 워킹홀리데이를 했던 그는 낯선 땅에서 만난 사람들의 환대와 새로운 문화를 접한다는 설렘 덕분에 인생의 가장 빛나는 순간을 경험했다. 하지만 한국으로 돌아와 마주한 외국인 유학생들의 표정은 사뭇 달랐다. 학업과 아르바이트, 그리고 문화적 차이로 지쳐 있는 그들에게서 자신의 행복했던 기억과는 다른 고단함을 발견한 것이다. 그는 그들에게 "한국에서의 삶도 즐거울 수 있다"는 것을 기록해 주고 싶어 카메라를 들었다. 그것은 일종의 '즐거운 탈출구'를 만들어주고 싶다는 선의였다.

'크리에이티브 덴'이 맺는 관계의 핵심은 '탈脫 대상화'다. 기존 미디어에서 외국인은 주로 "두 유 노 김치(Do you know Kimchi)?" 같은 국수주의적 질문에 감탄하거나, 매운 음식을 먹고 땀을 흘리는 리액션 담당으로 소비되곤 했다. 하지만 이들은 이 손쉬운 공식을 거부한다. 그들은 사전에 짜인 대본이나 질문지 없이 카메라를 켠다. "한국 문화가 최고죠?"라고 유도 신문을 하는 대신, "요즘 가장 큰 고민은 무엇인가요?", "타향살이의 외로움은 어떻게 견디나요?" 같은, 친구끼리 나눌 법한 질문을 던진다. 이러한 질문의 전환은 마법 같은 순간을 만들어 낸다. 화면 속의 인물은 더 이상 신기한 외국인이 아니라, 취업을 걱정하고 연애를 고민하며 치열하게 살아가는 '나와 똑같은 청춘'으로 다가오도록 한다. 영국의 록 가수 모리세이 Morrissey의 노래 제목처럼 "사람은 어디나 똑같다(People Are the Same Everywhere)"라는 진리를 영상으로 증명해 보이는 셈이다.

이러한 관계 맺기의 깊이는 제작 방식과 철학에서 더욱 선명하게 드러난다. 기획자인 덴은 인터뷰이가 카메라를 의식하지 않게 하려고 촬영 현장에서 조명을 최소화하고, 대신 심도가 얕은 고성능 렌즈(단 렌즈)를 사용하여 인위적인 방송 느낌을 지운다. 더욱 놀라운 것은 '섬네일Thumbnail의 윤리'다. 유튜브 생태계에서 자극적인 제목과 섬네일은 조회 수를 높이는 지름길이다. 운영자들 역시 어떤 제목을 달면 클릭 수가 폭발할지 알고 있다. 하지만 그들은 인터뷰이가 상처받거나 오해를 살 수 있는 '어그로Aggro'[23]를 철저히 배제한다. "내 작품을 망치고 싶지 않다"라는 창작자로서의 자존심이자, 귀한 시간

---

23 어그로(Aggro): 영단어 'Aggravation(도발)' 혹은 'Aggression(공격성)'에서 유래한 말이다. 본래 온라인 게임에서 괴물이 자신을 공격하도록 유도하는 행위를 뜻했으나, 현재는 '사람들의 관심을 끌기 위해 의도적으로 자극적인 언행을 하는 것'도 의미하게 되었다.

을 내어준 친구(출연자)에 대한 예의를 지키기 위해서다. 때로는 조회 수가 덜 나오더라도, 출연자와의 신뢰 관계를 지키는 것이 이 채널이 롱런할 수 있는 비결인 것이다.

카메라 뒤에서 묵묵히 기획과 촬영을 담당하는 '덴(대용)'과, 화면 안에서 밝은 에너지로 게스트를 무장 해제시키는 '아키(보윤)'의 조화는 이 아지트를 더 단단하게 만든다. 초기에는 덴 혼자 운영하며 한계를 느꼈으나, 다른 채널을 운영하던 아키가 합류하면서 콘텐츠의 결이 한층 다채로워졌다. 덴이 무대 뒤의 연출가라면, 아키는 무대 위에서 이방인 친구들의 마음을 여는 진행자 역할을 맡았다. 이제는 실제 커플이자 비즈니스 파트너로서 서로의 부족함을 채워주는 이들의 관계성 또한 채널을 지탱하는 중요한 축이다.

기획자 덴은 한국에 온 외국인들을 보며 일종의 '거울 효과'를 느낀다고 말한다. 우리가 미처 보지 못했던 한국 사회의 이면, 너무 익숙해서 지나쳤던 풍경들이 이방인의 시선을 통해 새롭게 해석될 때, 우리는 우리 자신을 객관적으로 바라보게 된다. 그것은 단순한 인터뷰가 아니라, 서로 다른 문화가 부딪치며 만들어 내는 새로운 차원의 소통이다.

'크리에이티브 덴'은 우리에게 말한다. 국적과 언어는 달라도, 그들이 나누는 대화 속에는 미래에 대한 불안, 사람에 대한 그리움 같은 공통분모가 흐른다고. 결국 우리는 모두 지구라는 거대한 굴Den 속에서 서로의 온기를 나누며 살아가는 친구일 뿐이다. 넷플릭스Netflix 같은 글로벌 플랫폼에 이들의 이야기를 담은 다큐멘터리를 걸고 싶

다는 그들의 꿈은, 어쩌면 이미 유튜브라는 무대 위에서 실현되고

있는지도 모른다. 이 따뜻한 아지트에서라면, 우리는 누구와도 친구

가 될 수 있다.

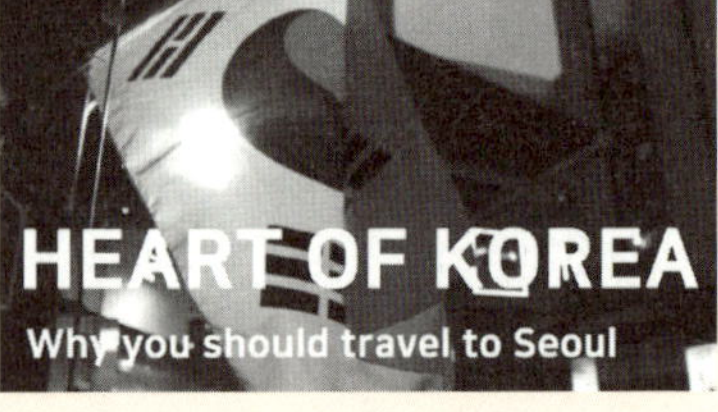

[사진 출처: 〈디지털타임스〉 박동욱 기자, '크리에이티브 덴' 유튜브 채널 갈무리]

'크리에이티브 덴' 채널의 운영자 덴(대용)과 아키(보윤)는 한국에 거주하는 외국인들을 '외국인'이기보다 한국을 좋아해 찾아온 '친구'로 바라보며, 그들의 한국에서의 삶과 일상을 담은 영상을 꾸준히 공유하고 싶다고 밝혔다. 또한 기회가 된다면 넷플릭스와 같은 OTT 플랫폼에도 도전해, 이들의 시선을 통해 본 '한국의 모습'을 전 세계에 알리고 싶다는 향후 계획도 전했다.

"카메라의 렌즈보다 중요한 것은,
마주 보는 눈빛입니다"

이희대 영상미가 남다르다는 평이 많습니다. 인터뷰가 중심인 채널인데도 화면의 질감이 마치 영화나 다큐멘터리처럼 고급스럽더군요. 이런 시각적인 완성도를 만드는 특별한 노하우가 있나요?

덴(대용) 사실 제가 장비 욕심이 좀 있습니다. [웃음] 보통 유튜브용 영상 촬영은 편의성을 위해 줌 렌즈를 많이 쓰는데, 저는 단 렌즈를 고집하는 편이에요. 그리고 조명을 쳐서 인위적으로 밝게 만들기보다, 조리갯값이 낮은 좋은 렌즈를 써서 현장의 자연스러운 빛을 담으려고 합니다. 저희 촬영 현장을 보면 방송국 분들이 놀라세요. "왜 이렇게 대충 찍어?"라고요. 조명도 없고 스태프도 없으니까요. 하지만 그건 의도된 연출입니다. 인터뷰이가 카메라를 의식하지 않고 친구와 수다 떨듯이 편하게 하려면 장비가 덜 위협적이어야 하거든요. 대신 투 캠Two-cam 이상을 써서 편집점이 튀지 않고 대화가 매끄럽게 이어지도록 공을 들이죠.

이희대 섬네일이나 제목이 다른 유튜브 채널에 비해 굉장히 '순한 맛'입니다. 자극적으로 뽑고 싶은 유혹은 없나요?

아키(보윤) 유혹이 왜 없겠어요. [웃음] 저희끼리 회의할 때 농담으로 "야, 이거 제목 이렇게 달면 무조건 100만이다." 싶은 것들이 있죠. 하지만 실행에는 못 옮겨요. 저희는 출연자가 상처받을까 봐 그렇게 못 해요.

덴(대용) 맞아요. 출연자는 저희를 믿고 귀한 시간을 내준 건데, 어그로를 끌어서 그분이 욕을 먹거나 오해를 사게 되면 그건 전적으로 제작자의 잘못이라고 생각합니다. 조회 수가 좀 덜 나와도 '내 작품을 망치고 싶지 않다', '사람을 지키고 싶다'는 마음이 더 커요. 그게 저희 채널의 색깔이기도 하고요.

이희대 섭외 과정도 남다르다고 들었습니다. 국적이 아니라 사람을 본다고요.

덴(대용) 맞습니다. "어느 나라 사람이 필요해"가 아니라 "어떤 스토리를 가진 사람이 필요해"라고 접근합니다. 섭외 단계에서부터 그 사람을 오랫동안 관찰해요. 이 친구의 성격은 어떤지, 어떤 이야기를 지니고 있는지 파악하는 데 시간을 많이 씁니다. 그래서 저희는 대본이나 공식 질문지가 없어요. 이미 그 사람에 대해 파악했기 때문에, "한국 음식 매워요?" 같은 뻔한 질문 대신 친구처럼 대화하면서 자연스럽게 속 깊은 이야기를 끌어낼 수 있는 거죠.

이희대   두 분이 함께 채널을 운영하면서 시너지가 나는 것 같습니
다. 역할 분담은 어떻게 하시나요?

아키(보윤) 원래 저도 제 개인 채널을 운영했어요. 그러다가 한계를 느
끼고 힘든 시기를 겪게 되었죠. 음악 치료를 전공하고 영상
편집을 좋아해서 시작했는데, 혼자 하려니 잘 안되더라고
요. 그때 대용 님과 서로 도움을 주고받다가 자연스럽게 합
치게 되었죠. 대용 님은 기획이나 촬영처럼 뒤에서 판을 짜
는 걸 좋아하는 '진지충' 스타일이고, 저는 사람들 만나서
떠들고 진행하는 걸 좋아하는 성격이라 딱 맞더라고요. 제
가 합류하면서 채널 분위기가 좀 더 밝아지고 한국인의 시
선도 자연스럽게 녹아든 것 같습니다.

이희대   채널명이 처음엔 'Foreigner in Korea'였다가 'Creative
Den'으로 바꾸셨죠? 어떤 의미인가요?

덴(대용) 처음엔 직관적으로 '한국에 사는 외국인'을 보여주겠다는
의미였어요. 그런데 하다 보니 외국인들의 이야기뿐만 아니
라 좀 더 다양한 이야기를 담고 싶더라고요. 'Den'이 영어
로 동굴, 아지트라는 뜻이잖아요. 우리 채널이 외국인 친구
들에게도, 시청자들에게도 편안하게 와서 쉴 수 있는 '아지
트' 같은 공간이 되었으면 해서 바꿨습니다. 나중에 의미를
가져다 붙인 감도 없지 않지만, 지금은 그 이름값을 하려고
노력 중입니다.

이희대 앞으로 크리에이티브 덴이 도전하고 싶은 목표가 있다면 무엇인가요?

덴(대용) 단순히 유튜브 영상이라는 한계를 넘어서, 넷플릭스 같은 OTT 플랫폼에 우리 시선으로 만든 다큐멘터리를 걸어보고 싶어요. '외국인'이라는 딱지를 떼고, 한국을 찾아온 '친구'들의 이야기를 깊이 있게 담은 다큐멘터리요. 최근에는 '카우 톡Cow Talk'이라고 커피 마시면서 고민을 들어주는 팟캐스트 형식의 콘텐츠도 준비하고 있습니다.

아키(보윤) 저 개인적으로는 싱글 앨범을 꾸준히 내고 있는데, 이렇게 음악 활동도 병행하면서 채널의 영역을 계속 확장해 나가고 싶습니다. 비즈니스도 중요하니까요. [웃음]

연결하는 사람들

우리는 모두 섬이다. 1인 미디어라는 바다 위에 각자의 방식으로 다리를 놓고, 배를 띄워 기어이 타인에게 가 닿는 이들이 있다. 지식으로, 에너지로, 혹은 편안함으로 세상과 연결하는 '호모 인플루언서'들의 관계 맺기 기술을 들여다 본다.

1분과학

우주와 나를 잇는 과학적 위로

"모든 것은 연결되어 있다." 과학 유튜버 이재범이 '1분과학'이라는 채널을 통해 전하는 핵심 메시지다. 그는 딱딱한 과학 지식을 전달하는 강사가 아니다. 양자역학에서 불교의 '공空' 사상을 읽어내고, 진화생물학에서 인간 존재의 이유를 묻는다. 그에게 과학은 단순한 지식 전달의 수단을 넘어, 광활한 우주 속에 고립된 현대인에게 '당신은 혼자가 아니다'라고 말을 건네는 철학적 소통의 창구다. 그는 옥탑방에서 홀로 지내며 빈둥거리는 '무위無爲'의 시간을 통해, 오히려 전 세계 80억 인구와 연결될 수 있는 이야기의 씨앗을 발견한다. '1분과학'은 단순히 지식을 전달하는 채널이 아니라, 과학이라는 언어로 사람과 우주를 잇는 거대한 '연결의 다리'다. 최근에는 소통 중심의 유튜브 스트리밍 채널 '샤먼 재범'에서 시간에 구애받지 않는 라이브 포맷으로 애독자들과 만나고 있고, 오프라인 모임 '무교클럽'을 개최하는 등 '재범'스러운 다양한 활동을 이어가고 있다.

치어리더 목나경에게 경기장은 3시간 반 동안 쉴 새 없이 에너지를 쏟아내는 치열한 일터다. 하지만 그녀는 그 열기를 현장에만 가두지 않는다. 그녀의 유튜브 채널과 SNS는 경기장의 뜨거운 함성을 온라인으로 실어 나르는 파이프라인이다. 팬들은 그녀의 영상을 통해 경기장의 열기를 다시 체험하고, 그녀는 팬들의 댓글을 통해 다음 경기에서 뛸 힘을 얻는다. 그녀는 단순한 응원단원이 아니라, 선수와 팬, 그리고 현장과 온라인을 잇는 강력한 '에너지 전도사'다. 그녀가 설계한 관계망 속에서 스포츠 팬덤은 시공간을 초월해 하나로 묶인다.

스마트폰 화면 속 화려한 그래픽이 난무하는 유튜브 생태계에서, 분필 가루 날리는 칠판 하나를 두고 고군분투하는 남자가 있다. '두선생의 역사공장'을 운영하는 한영준 크리에이터다. 채널명 중 '두선생'은 '머리가 큰 선생님'이라는 유쾌한 뜻을 담고 있지만, 그가 그려내는 세계는 결

코 가볍지 않다. 그는 단순히 연도를 나열하는 암기식이 아니라, 산맥과 강, 바다라는 '지리' 위에 인간의 '역사'를 얹어 설명한다. "땅의 모양을 알면 그곳에 살았던 사람들의 선택이 보인다"라는 그의 지론은, 파편화된 지식을 하나의 거대한 '맥락'으로 연결해 준다. 그의 콘텐츠는 '지대넓얕(지적 대화를 위한 넓고 얕은 지식)'을 지향한다. 너무 깊어서 지루하지 않게, 하지만 술자리나 모임에서 적당히 '아는 척'할 수 있는 품격을 갖춰 구독자와 세상 사이의 지적 대화를 연결한다. 직장인으로서의 삶과 크리에이터의 삶을 병행하며 번아웃을 겪기도 했지만, 결혼과 육아라는 개인사의 변화를 '문화 인류학' 콘텐츠로 확장하며 독자와의 관계를 계속해서 넓혀가고 있다. 그는 지도라는 매개체를 통해 과거와 현재, 그리고 사람과 사람을 잇는 탁월한 이야기꾼이다.

'팬데믹의 단절을 넘어' 무대와 관객의 접촉을 꾀하는 공연 기획자

2020년, 팬데믹이 전 세계를 강타했을 때 공연계는 멈춰 섰다. 사람과 사람이 만나는 '접촉Contact'이 금기시된 시대, 롯데컬처웍스 샤롯데씨어터의 뮤지컬 공연 사업을 담당했던 윤세인 부문장은 끊어진 관계를 잇기 위해 치열하게 고민했다. 그녀는 영화관의 거대한 LED 스크린으로 뮤지컬을 생중계하고, 온라인으로 공연 영상을 송출하는 '온택트Ontact'[24]

---

24 온택트(Ontact): '비대면(Untact)'에 '온라인 접촉(Online Contact)'을 결합한 개념으로, 온라인 플랫폼을 통해 현장 경험과 소통을 확장한 새로운 문화 소비 방식을 말한다.

실험을 감행했다. 하지만 역설적이게도 이 기술적 연결을 통해 그녀가 확인한 것은 '현장성'의 대체 불가능함이었다. 영상은 정보를 줄 수 있어도, 같은 공간에서 배우의 숨소리를 공유하며 느끼는 전율까지 온전히 전달할 수 없었기 때문이다. 그녀에게 온라인 콘텐츠는 무대를 대체하는 수단이 아니라, 관객의 발걸음을 다시 공연장으로 옮기게 하는 '초대장'이자 '매개체'였다. "결국 공연은 직접 봐야 한다"라는 그녀의 신념은, 기술이 발전할수록 사람의 온기가 있는 오프라인의 '관계'가 얼마나 소중한지를 역설한다. 코로나가 물러간 후 이어진 N차 관람의 물결은 그녀의 믿음이 옳았음을 증명한다. 그녀는 단절된 객석과 무대 사이를 기술로 잇고, 끝내 마음으로 연결해 낸 공연 문화의 가교架橋다.

주는 것이 곧 얻는 것이다,
'선물'로 설계한 관계

"구독자에게 섬을 선물하고, 1,000명에게 시력을 찾아준다.

이것은 자선 사업이 아니라, 가장 강력한 관계의 설계다"

3부의 주제인 '관계Relationship'를 전 세계에서 가장 압도적인 스케일로 증명해보이는 인물이 바로 미스터비스트다. 그는 단순히 재미있는 영상을 만드는 것을 넘어, 타인에게 '베푸는 행위Philanthropy'를 콘텐츠의 핵심 엔진으로 삼는다. 친구에게 신용카드를 건네며 1분 동안 마음껏 긁게 하거나, 낯선 이에게 선뜻 집을 사주고 시각장애인 1,000명의 개안 수술을 지원하는 등 그의 파격적인 콘텐츠는 단순한 물량 공세가 아니다. 이것은 시청자들에게 "우리가 함께 이 세상을 조금 더 낫게 만들고 있다"라는 강력한 연대감을 심어주려는 기획의 결과물이다.

그가 추구하는 '선물 경제Gift Economy'는 대중의 심리와 영향력을 정밀하게 계산해 낸 '관계의 공학'이다.

• 신뢰의 구축: 그는 벌어들인 수익을 100% 재투자하여 더 큰 나눔을 실천함으로써, 팬들에게 "이 사람은 진심이다"라는 절대적인 신뢰를 얻는다.

• 공범 의식 형성: 시청자는 그의 영상을 보는 것만으로도 이 거대한 자선 프로
  젝트에 기여한다는 느낌, 즉 '선한 공범'이 되는 경험을 공유한다.

미스터비스트에게 '관계'란 1:1 소통을 넘어선다. 그는 자신의 부와 영향력을
매개로 전 세계 구독자들을 하나의 '거대한 선의Goodwill의 공동체'로 묶어낸다.
그는 말한다. "내가 더 많이 줄수록, 사람들은 더 많이 모인다."
호모 인플루언서에게 진정한 영향력이란, 내가 가진 것을 나눌 때 비로소 완성
되는 '메아리'와 같다.

무대를 설계하는 사람들
(Stage)

제이키아웃(JAYKEEOUT)

거리가 곧 무대다, 평범한 일상을 드라마로 바꾸는 연출가

짜인 스튜디오를 벗어나 예측 불가능한 '거리'를 무대로 삼다
몰래카메라가 단순한 장난이 아닌 '사회적 울림'이 되는 순간
"우리는 누구나 자기 삶의 주인공이 될 자격이 있습니다"

여전히 1인 미디어의 무대Stage는 대부분 좁은 사각 프레임 안에 갇혀 있다. 완벽한 방음벽과 화려한 조명으로 둘러싸인 스튜디오, 철저하게 계산된 세트장에서 대부분의 콘텐츠는 생산된다. 하지만 여기, 가장 시끄럽고 변수가 많은 '거리' 한복판을 자신의 무대로 삼은 남자가 있다. 그에게는 지나가는 사람이 배우가 되고, 횡단보도와 술집이 세트장이 되며, 도시의 소음이 배경음악이 된다. 일상이라는 평범한 배경 위에 '실험'이라는 특별한 조명을 비추는 채널, '제이키아웃JAYKEEOUT'의 제이Jay(연제민)다.

2015년, 그가 처음 유튜브를 시작했을 때 그의 손에 들린 것은 마이크 하나뿐이었다. 그는 화려한 편집 기술이나 자극적인 소재 대신, 사회가 외면하거나 잊고 지내는 질문들을 들고 거리로 나갔다. "추운 겨울, 낯선 아이가 패딩 지퍼를 올려달라고 한다면?", "시각장애인이 길 안내를 부탁한다면?"

당시 유튜브에는 자극적인 몰래카메라Prank가 유행했지만, 제이의 카메라는 달랐다. 그는 누군가를 속여서 웃음거리로 만드는 것이 아니라, 연출된 상황 속에서 시민들이 보여주는 '날것의 선함'을 포착했다. 대본도, NG도 없는 이 무대 위에서 사람들은 가장 인간적인 표정을 드러냈다. 누군가는 기꺼이 아이의 손을 잡았고, 누군가는 자신의 일처럼 길을 안내했다. 제이키아웃이 설계한 무대는 단순한 예능이 아니라, 우리 사회의 온도를 측정하는 '사회적 실험실'이었으며, 그는 스스로 "사람은 선하다"라는 가설을 증명해 보이는 연구자였다.

그의 무대 설계 능력은 '백그라운드 라이브Background Live' 시리즈에서 정점을 찍는다. 그는 평범한 술집이나 카페를 섭외하고, 그곳에 김연우, 인순이, 로이킴, 옥주현 같은 최정상급 가수를 초대한다. 하지만 가수는 화려한 조명 아래 서지 않는다. 그들은 마치 배경음악BGM처럼, 시끄러운 손님들 틈에 섞여 노래를 부른다. 사람들은 처음에는 음원인 줄 알고 무심코 듣다가, 어느 순간 라이브임을 깨닫고 전율한다. 이 기획의 묘미는 가수의 노래 실력이 아니라, 그 노래의 정체를 발견한 '시민들의 리액션'에 있다.

특히 조회 수 860만 회를 넘긴 '가수 김연우 편'은 이 무대 연출의 백미다. 술자리 소음 속에서 무심하게 노래를 시작한 가수의 목소리가 점차 공간을 장악해 나갈 때, 수저를 내려놓고 눈을 동그랗게 뜨는 시민들의 표정, 친구와 눈빛을 교환하며 입을 다물지 못하는 환희의 순간들은 그 어떤 연출로도 만들어 낼 수 없는 명장면이다. 제이는 가수를 '배경'으로 돌리고, 그 순간을 온몸으로 즐기는 평범한 사람들을 '주인공'으로 격상시킨다. 이 무대 위에서 가수와 관객의 경계는 허물어지고, 공간은 순식간에 콘서트장보다 더 뜨거운 열기로 가득 찬다.

제이는 이러한 무대를 만들기 위해 철저한 '테크 리허설Tech Rehearsal'을 고집한다. 가수의 목소리가 현장에 있는 손님들에게 완벽하게 들려야 하고, 동시에 그 반응을 담는 카메라 앵글은 숨겨져야 한다. 무선 마이크의 주파수가 끊기지 않도록 체크하고, 돌발 상황을 대비해 동선을 수없이 점검한다. 현장에서 그는 단순한 유튜버가 아니라, 오디오, 카메라, 손님 반응, 가수의 컨디션까지 동시에 체크하는 총괄 프로듀서가 된다. 화면에는 보이지 않는 치열한 준비 과정이 있었기에, 화면 속의 감동은 왜곡 없이 시청자에게 전달될 수 있었다.

그의 무대는 단순히 재미에만 머물지 않는다. 그는 'Spread Good Vibes(좋은 기운을 퍼뜨리자)'라는 채널의 슬로건처럼, 콘텐츠를 통해 사회적 가치를 연결하려 노력한다. '100 SMILES' 프로젝트가 대표적이다. 연예인이 거리에서 시민들에게 웃음을 전파하고, 미션을 달성하면 기부로 이어지는 이 프로젝트는 '재미'와 '의미'를 동시에 잡는 제이키아웃만의 방식을 그대로 보여준다. 그는 자신의 영향력을 과시하는 대신, 그 영향력이 닿는 곳에 따뜻한 온기가 남기를 바란다. 브랜드 '뷰바VYOOVA'를 통해 굿즈 수익을 기부하거나, 사회적 인식 개선 캠페인을 벌이는 것도 같은 맥락이다.

이러한 무대 연출은 AI 기술이 범람하는 시대에 역설적으로 '진짜 사람'의 가치를 증명한다. 가상 인간이 춤을 추고 AI가 대본을 쓰는 세상이지만, 눈앞에서 펼쳐지는 기적 같은 상황에 반응하는 사람의 떨림, 낯선 이에게 베푸는 친절, 그리고 서로의 눈을 바라보며 느끼는 교감은 기술이 결코 흉내 낼 수 없는 영역이다. 제이는 "기술이 발전할수록, 현장에서 직접 마주하는 진짜 사람의 힘이 중요해진다"라고 믿는다. 그의 영상이 수억 뷰의 조회 수를 기록하는 이유는, 그 안에 연출되지 않은 '진심의 순간'이 담겨 있기 때문이다.

제이는 자신을 크리에이터이자 '판을 벌이는 사람'이라고 정의한다. 그는 아이디어에 머물지 않고, 불가능해 보이는 섭외와 연출을 기어이 현실로 만들어 낸다. "실패가 두려운 것이 아니라, 실행하지 않았을 때 느끼게 될 후회가 더 두렵다"라는 그의 철학은 10년 동안 끊임없이 새로운 무대를 짓게 한 원동력이었다. 그는 거리를 무대로, 시민을 주인공으로, 그리고 선한 영향력을 메시지로 삼아 우리 시대의 새로운 '리얼리티 쇼'를 만들어가고 있다. 그의 카메라 앵글 속에서, 우리는 잊고 있었던 타인의 온기와 마주한다.

[사진 출처: 〈디지털타임스〉 박동욱 기자, '제이키아웃' 유튜브 채널 갈무리]

유명 셀럽들이 함께 등장하는 '백그라운드 라이브'는 신선하면서도 대중 친화적인 포맷으로 주목받은 제이키아웃 채널의 대표 실험 콘텐츠다. 이 시리즈는 인기 동영상 상위 리스트를 꾸준히 장식하며 빠른 속도로 화제를 모으고 있다. 그 질주를 지켜보며 혹시 유명 방송사나 연예 기획사가 새로 만든 채널은 아닐까 하는 궁금증이 들 정도였다. 그러나 이 실험 채널의 출발점은 의외로 소박하다. 한 젊은 청년이 마이크 하나를 들고 길거리 인터뷰를 시작한 것이 전부였다. 그렇게 쌓인 채널의 역사는 어느덧 약 10년에 이른다. 그간 이어진 실험의 결과는 곧 450개에 달하는 영상 수와 누적 조회 수 약 4억 뷰라는 기록으로 남아 있다. 제이키아웃은 결코 혜성처럼 등장한 채널이 아니다. '선한 영향력'이라는 주제 아래 현장으로 달려가 카메라와 마이크로 부딪히며 차곡차곡 쌓아 올린 노력의 기록이다.

"아이디어는 누구나 있습니다.
중요한 건 '한 번 더' 하는 실행력입니다"

이희대　본인을 '크리에이터'뿐만 아니라 '판을 벌이는 사람'이라고 정의하셨습니다. 어떤 의미인가요?

제이　저는 욕심이 좀 많아요. PD로서, 크리에이터로서, 또 회사의 대표로서 다양한 역할을 하고 있는데, 이 모든 걸 관통하는 단어가 뭘까 고민해 보니 '판을 벌이는 사람'이더라고요. 단순히 아이디어를 내는 것에 그치지 않고, 상상한 것을 현실의 무대로 옮겨 실현해 내는 사람이니까요. 처음 유튜브를 시작했을 때도 거창한 목표보다는 캐나다 밴쿠버에서 다양한 문화와 사람들의 이야기를 통해 경험했던 감동을 한국의 '거리'라는 가장 솔직한 무대에서 보여주고 싶다는 생각으로 판을 깔기 시작했습니다.

이희대　'제이키아웃' 하면 역시 기상천외한 실험 카메라와 셀럽 섭외가 떠오릅니다. 특히 김연우, 인순이 같은 대형 가수들을 술집에서 노래하게 한 '백그라운드 라이브'는 섭외 과정이 정말 궁금합니다. 비결이 뭔가요?

제이　사실 특별한 비결이라기보다 '실행력'인 것 같아요. 많은 분들이 "연락해도 안 될 거야"라고 생각하며 멈추거든요. 저는 그냥 매니저님께 전화 한 통 더 드리고, 메일 한 번 더 보내요. '안 되면 어쩔 수 없지만, 일단 물어는 보자'는 마음이죠. 로이 킴 님과 첫 프로젝트를 할 때도 레퍼런스가 없었지만, "우리가 이런 그림을 만들 거다"라는 기획 하나만 믿고 두드렸더니 열리더라고요. 아이디어는 누구나 낼 수 있지만, 그걸 실행하느냐 마느냐의 차이가 결과를 만드는 것 같아요.

이희대 수많은 영상 중 제이 님이 꼽는 최고의 '아하 모먼트'는 언제였나요?

제이 가수 김연우 님과 함께한 '백그라운드 라이브' 편입니다. 그날은 정말 모든 게 완벽했어요. 가수의 퍼포먼스, 현장에 있던 손님들의 리얼한 표정, 그리고 저희가 의도했던 연출까지 삼박자가 딱 맞아떨어졌죠. 현장에서 촬영하면서도 "와, 이건 됐다"라는 전율이 왔어요. 단순히 노래를 잘해서가 아니라, 그 공간의 공기가 바뀌는 순간을 영상에 담아냈다는 희열이 있었거든요. 지금도 가장 자랑스럽게 생각하는 영상 중 하나입니다.

이희대 현장에서 몰래카메라 형식으로 진행하다 보면 돌발 상황도 많을 텐데, 연출자로서 가장 신경 쓰는 부분은 무엇인가요?

제이 맞습니다. 통제할 수 없는 변수가 너무 많아요. 대부분 술집이다 보니 취객이 난동을 부리거나, 옆 테이블 손님이 시끄럽게 해서 오디오가 물리기도 하고요. 심지어 취객이 지인의 머리채를 잡고 "야, 저기 봐봐!" 하는 상황도 있었죠. [웃음] 하지만 가장 신경 쓰는 건 역시 '리얼리티'와 '품질'의 균형입니다. 가수의 라이브 음향이 현장 손님들에게도, 영상 시청자에게도 완벽하게 들려야 하거든요. 그래서 무선 마이크 끊김 체크부터 동선까지, 거의 생방송을 준비하듯이 테크 리허설을 철저하게 합니다. 현장에서는 제가 멀티태스킹 모드가 되어서 오디오, 카메라, 손님 반응, 가수의 컨디션까지 동시에 체크하죠.

이희대   앞으로 벌이고 싶은 판, 혹은 계획 중인 콘텐츠가 있다면 살짝 공개해 주실 수 있나요?

제이   아직 구상 중이긴 한데, '랜덤 박스' 프로젝트를 해보고 싶어요. 광화문 광장 같은 곳에 집채만 한 거대한 박스를 떨궈놓는 거죠. 사람들이 "이게 뭐지?" 하고 궁금해할 때, 타이머가 끝나면 박스가 열리고 그 안에서 상상도 못 한 퍼포먼스가 펼쳐지는 거예요. 누가 나올지는 모르지만, "제이키아웃 박스가 열리면 무조건 대박이다"라는 믿음을 줄 수 있는, 그런 압도적인 오프라인 이벤트를 만들어보고 싶습니다.

이희대   10년 차를 넘긴 1세대 유튜버로서, 이제 막 시작하려는 후배 크리에이터들에게 해주고 싶은 현실적인 조언이 있다면요?

제이 저는 딱 세 가지를 리스트업 해보라고 권해요. '내가 좋아하는 것', '내가 잘하는 것', 그리고 '나의 현실적 조건'. 이 세 가지를 조합해서 한 줄로 요약해 보는 거죠. 예를 들어 "한국에 살고 있는 20대 남자가(현실), 다양한 문화를(좋아하는 것), 영상으로 만든다(잘하는 것)"처럼요. 이렇게 정체성을 한 줄로 정의하면 내가 가야 할 방향이 명확해집니다. 그리고 무엇보다 중요한 건, 고민할 시간에 일단 카메라를 켜고 밖으로 나가는 '실행'입니다.

이희대 결국 제이키아웃이 지향하는 '무대'의 끝은 어디인가요?

제이 저는 10년 후에도 사람들이 "아, 202×년에는 제이키아웃의 그 영상이 있었지"라고 기억해 주는 족적을 남기고 싶어요. 단순히 조회 수 높은 영상이 아니라, 그 시대의 문화와 감정을 대변하는 '사건' 같은 콘텐츠를 만드는 팀이 되고 싶습니다. 실패하더라도 계속 새로운 판을 벌이는 사람으로 기억되고 싶습니다.

지무비(G Movie)

영화보다 더 영화 같은,
편집실에서 쏘아 올린 10분의 마법

"지금까지 이런 맛은 없었다. 이것은 갈비인가 통닭인가"

죽어가던 영화도 심폐 소생하는 편집의 연금술사

"레드오션은 없다.

압도적인 몰입감이라는 '무대'가 있다면 그곳이 곧 블루오션이다"

2019년, 한국 영화계에 전례 없는 기이한 현상이 벌어졌다. 총제작비 95억 원, 블록버스터급 대작들에 비하면 소박한 규모의 코미디 영화 한 편이 역대 한국 영화 흥행 순위 2위(관객 수 1,626만 명), 매출액 1위라는 대기록을 세운 것이다. 바로 영화 〈극한 직업〉이다. 물론 배우 류승룡의 차진 연기와 이병헌 감독의 연출력이 빚어낸 성과였지만, 미디어 업계에서는 이 영화의 흥행 뒤에 숨겨진 또 다른 '일등 공신'을 주목했다. 개봉 5일 전, 유튜브에 올라온 한 편의 영상이 그 주인공이었다.

"위장 수사로 치킨집 열었다가 맛집으로 소문나면 벌어지는 일."
제목부터 클릭을 유도하는 이 영상은 공식 예고편보다 더 뜨거운 반응을 일으키며 순식간에 940만 회가 넘는 조회 수를 기록했다. 영화 속 킬링 포인트와 귀에 쏙쏙 박히는 내레이션, 그리고 적재적소에 꽂히는 배경음악BGM의 조화는 사람들을 극장으로 이끄는 가장 강력한 동력이 되었다. 이 영상을 만든 이는 바로 영화 유튜버 '지무비(나현갑)'다. 그는 단순히 영화의 줄거리를 요약해 떠먹여 주는 정보 전달자가 아니다. 원작 영화라는 재료를 해체하고 자신의 시선으로 재조립하여, '유튜브'라는 새로운 '무대' 위에서 완전히 다른 호흡의 콘텐츠로 상영하는 제2의 창작자다.

지무비가 유튜브에 뛰어든 2017년 무렵, 사람들은 이미 영화 리뷰 시장이 포화 상태인 '레드오션'이라고 말했다. 하지만 지무비의 시선은 달랐다. 그는 "관련 유튜버가 많다는 것은 그만큼 영화를 보고 싶어 하는 수요가 많다는 뜻"이라고 역발상 했다. 그는 레드오션이라는 파도에 휩쓸리는 대신, 그 파도 위에서 가장 화려한 서핑을 보여주기로 결심했다. 그가 설계한 무대의 핵심 경쟁력은 '압도적인 몰입감'과 '차별화된 품질'이었다. 남들이 영화의 서사를 평면적으로 따라갈 때, 그는 자신이 해석한 주제에 맞춰 장면의 순서를 뒤섞고 재배치한다. 이는 단순한 '요약'이 아니라, 지무비라는 프리즘을 통과한 '재창조'의 영역이다.

인터뷰 당시, 그의 무대 설계 도면은 서울 마포구의 작은 스튜디오, 그만의 작업실에서 완성되고 있었다. 그의 책상 위에는 아주 독특한 장비가 하나 놓여 있다. 일반적인 가로 모니터 옆에 길게 세워진 '수직 모니터'다. 주식 트레이더도, 프로그래머도 아닌 그가 수직 세로 모니터를 쓰는 이유는 오직 하나, 영상 편집 프로그램의 타임라인을 한눈에 보기 위해서다. 지무비의 영상은 단순히 컷을 붙이는 수준이 아니다. 화면 위에 자막, 효과음, 배경음악, 자료 화면, 내레이션 등 무려 15개에서 20개에 달하는 레이어Layer가 층층이 쌓여 있다. 이 수많은 레이어를 정교하게 제어하며 0.1초의 늘어짐도 허용하지 않으려는 그의 강박에 가까운 장인정신이 수직 모니터가 놓인 독특한 환경을 만들어 낸 것이다.

　시청자가 느끼는 '시간 순삭(순식간에 삭제됨)'의 경험은, 창작자가 뼈를 깎는 고통으로 1프레임씩 공들여 쌓아 올린 시간의 축적이 만들어 낸 결과물이다. 그는 인터뷰에서 "잠을 자다가도 꿈속에서 편집을 한다. 허공에 손을 올리고 단축키를 누르는 시늉을 하다가 깬 적도 있다"라고 고백했다. 손목 터널 증후군 때문에 보호대를 차고, 목과 허리의 통증을 달고 살지만, 그가 이 고통스러운 작업을 멈추지 않는 이유는 명확하다. 자신의 손끝에서 재탄생한 영상이 원작과는 또 다른 재미를 선사하고, 그것이 곧 자신의 무대 경쟁력이 됨을 알기 때문이다. 그는 편집을 단순한 기술이 아니라, 관객의 호흡을 쥐락펴락하는 '설계'의 영역으로 격상시켰다.

　'지무비'라는 채널명에도 그의 재치가 묻어난다. 원래는 '지린다(대단하다)'는 속어에서 따온 직관적인 이름을 쓰려고 했으나, 친누나의 "중2병 걸렸냐"라는 핀잔을 듣고 알파벳 'G'로 순화했다는 일화는 유명하다. 하지만 그의 콘텐츠는 이름의 유래처럼 시청자들에게 전율(지리는 느낌)을 선사한다. 그의 영상은 특유의 '병맛' 코드와 B급 감성을 유지하면서도, 분석의 깊이를 놓치지 않는다. 이러한 매력 덕분에 이제는 방송사나 영화 배급사가 먼저 그에게 협업을 요청한다. 지상파의 드라마, 넷플릭스 영화 및 시리즈, 영화 개봉작 외에도 수많은 기성 방송 및 OTT 콘텐츠들이 지무비와의 협업을 통해 흥행에 날개를 달았다. 과거에는 영화 유튜버를 저작권 침해의 온상으로 보던 시선이 있었지만, 이제 지무비는 흥행을 위해 반드시 거쳐 가야 할 필수 관문이자 파트너로 자리 잡았다.

지무비는 우리에게 말한다. 이미 경쟁이 매우 치열한 시장, 즉 '레드오션'이라는 핑계로 무대 밖에서 서성이지 말라고. 압도적인 품질과 자신만의 문법으로 무대를 짓는다면, 그곳은 늘 관객들로 붐비는 광활한 '푸른 바다(블루오션)'의 중심이 될 수 있다고. 오늘도 그는 어두운 작업실에서 청축 키보드의 경쾌한 타건 음을 타악기처럼 울리며, 영화보다 더 영화 같은 10분의 드라마를 직조하고 있다. 그가 만든 무대 위에서, 영화는 끝나지 않고 계속해서 새로운 생명을 얻는다.

[사진 출처: 〈디지털타임스〉 박동욱 기자]

구독자 약 395만 명의 영화 유튜브 채널 '지무비G Movie'는 채널명처럼 독특한 'G리는 시리즈' 등 신선한 기획과 특유의 영상 문법으로 큰 인기를 얻고 있다. 개봉 영화와 신규 드라마의 흥행 흐름에까지 영향을 미칠 만큼, 그 파급력 또한 상당하다. 인터뷰 당시 그의 숙소 겸 작업실을 찾았을 때, 수면 시간을 제외한 대부분의 시간을 스튜디오에서 보내며 콘텐츠 제작에만 몰두하는 워커홀릭의 생활상을 직접 확인할 수 있었다.

"편집은 노동이 아니라,
관객의 시간을 훔치는 설계입니다"

이희대 '지무비G Movie'라는 채널명이 상당히 임팩트 있습니다. 이름에서 '지G'가 '지린다'라는 뜻이나 'Good', 'Great'의 뜻을 띤다고 들었는데, 정확한 탄생 비화가 궁금합니다.

지무비 사실 처음에는 그냥 '지린다'로 하려고 했어요. [웃음] 제가 원래 '지린다', '오진다.' 이런 유치한 감성을 좀 좋아하거든요. 그런데 친누나한테 말했다가 "중2병 걸린 중학생이냐"고 엄청 혼났어요. 그래서 좀 있어 보이게 알파벳 'G'로 바꿨는데, 오히려 중의적인 의미도 생기고 더 직관적인 브랜드가 된 것 같습니다. 'G리는 시리즈' 같은 코너명도 채널이 커지면서 자연스럽게 붙은 거지, 처음부터 치밀하게 계획한 건 아니었어요. 채널명에 지나치게 공을 들이기보다, 일단 시작하는 게 중요한 것 같습니다.

이희대 영화 〈극한 직업〉 리뷰 영상이 수백만 뷰를 기록하며 채널 성장의 기폭제가 되었다고 들었습니다. 광고 영상이었음에도 불구하고 전설적인 영상으로 남았는데, 비하인드 스토리가 있나요?

지무비　개봉 5일 전에 올린 영상이었는데, 사실 영화사에서 마케팅 의뢰를 받고 제작비를 받아 만든 거였어요. 하지만 단순 홍보 영상처럼 만들기 싫어서 제 스타일대로 완전히 재구성했죠. '위장 수사로 치킨집 열었다가 맛집으로 소문나면 벌어지는 일'이라는 제목부터 섬네일, 편집 호흡까지 제 취향을 갈아 넣었습니다. 많은 분들이 영화 흥행에 일조했으니 러닝 개런티라도 받았냐고 물으시는데, 그런 건 전혀 없었고요. [웃음] 대신 그 영상 덕분에 이후 CJ 등 대형 배급사에서 광고 의뢰가 쏟아져서 채널이 자리 잡는 데 결정적인 역할을 했습니다.

이희대　영상의 편집 호흡이 정말 빠르고 리듬감이 좋습니다. 작업 과정이 상당히 고될 것 같은데, 편집 환경은 어떤가요?

지무비　저는 잘 때도 꿈속에서 편집을 해요. 자다가 저도 모르게 손을 허공에 뻗어 단축키를 누르는 시늉을 한 적도 있어요. 그러다 깨면 손에 피가 안 통해서 저릴 정도입니다. [웃음] 그만큼 편집에 몰입하는데, 특히 '타건 감(키보드 치는 느낌)'을 중요하게 생각해서 소리가 크고 찰진 청축 키보드를 씁니다. 그래야 일하는 맛이 나거든요. 그리고 편집할 때 프로그램 레이어가 15~20개씩 쌓이다 보니 일반 모니터로는 감당이 안 돼서, 세로로 긴 모니터를 옆에 두고 작업합니다. 일주일 내내 밥 먹고 자는 시간조차 아껴 편집에 몰두해야 겨우 영상 한 편을 세상에 내놓을 수 있습니다. 손목이랑 허리가 남아나질

않지만, 1초의 늘어짐도 용납하고 싶지 않아요.

이희대 영화 유튜브 시장이 레드오션이라는 말이 많습니다. 후발 주자들에게 해주고 싶은 조언이 있나요?

지무비 솔직히 말씀드리면, 지금 영화 유튜브를 시작하라고 권하고 싶진 않아요. 저작권 문제가 너무 복잡하고 스트레스가 심하거든요. 차라리 요리 채널을 추천합니다. [웃음] 요리는 내가 만들고 싶을 때 자유롭게 만들 수 있잖아요. 하지만 꼭 영화를 하고 싶다면, '나만의 시선'이 있어야 해요. 단순히 줄거리를 요약해서 보여주는 건 이제 경쟁력이 없어요. 예를 들어, 드라마 〈키딩Kidding〉을 리뷰할 때는 시간 순서를 다 뒤섞어서 제가 의도한 메시지대로 재배치하는 데만 2~3주가 걸렸어요. 남들이 보지 못한 디테일을 찾거나, 아예 새로운 관점으로 이야기를 재구성해야 합니다. 무작정 시작하기보다, 내가 이 영화를 통해 무슨 말을 하고 싶은지가 명확해야 살아남을 수 있습니다.

이희대 채널이 커지면서 광고나 협찬 영상이 많아졌다는 지적도 있습니다. 이에 대한 생각은 어떠신가요?

지무비 맞습니다. 그런 댓글을 볼 때마다 마음이 쓰여요. 하지만 현실적인 이유도 있어요. 영화 유튜버는 2차 창작물이라 저작권 문제 때문에 수익 창출이 제한되거나 영상이 삭제되는 경

우가 많거든요. 업로드를 자주 할 수 없는 구조에서 채널을
안정적으로 운영하고 퀼리티를 유지하려면, 제작비를 충당하
기 위한 광고 진행이 불가피한 측면이 있습니다. 대신 광고
영상이라도 지무비만의 스타일로 최대한 재미있게, 거부감
없이 만들려고 노력하고 있습니다. 이 부분은 구독자분들께
늘 양해를 구하고, 감사한 마음을 가지고 있어요.

이희대 앞으로 지무비가 꿈꾸는 목표는 무엇인가요?

지무비 예전에는 혼자서 모든 걸 다 하려다 보니 건강도 상하고 한계
가 오더라고요. 지난 3년 동안 대한민국에서 일 많이 한 사람
1% 안에 들 자신은 있는데, 몸이 정상이 아니게 됐죠. 지금
은 친구들을 직원으로 채용해서 제 노하우를 전수하고 있어
요. 저와 똑같은 퀼리티를 낼 수 있는 '도플갱어' 같은 에디터
들을 키워내는 게 목표입니다. 이를 통해 제가 잠시 쉬더라도
채널은 멈추지 않고 계속 돌아가게 만드는 시스템을 구축하
고 싶어요.

유재룡, 큰그림연구소 PD

방송국 밖에서 지식 예능의 판을 짜다, 전문가를 위한 무대 건축가

'유튜브는 가벼워야 한다'는 편견을 깨고 '프리미엄 지식'의 무대를 짓다

전문가의 언어를 대중의 언어로 번역하는 '존중'의 연출법

"1인 미디어 시대에도, 여전히 '큰 그림'을 그리는 연출가는 필요합니다"

누구나 스마트폰 하나면 방송국을 차릴 수 있는 시대다. 카메라를 들고 거리로 나가거나, 방구석에서 웹캠 하나 켜고 소통하는 1인 크리에이터들이 미디어의 주류가 되었다. 그렇다면 이제 거창한 조명과 여러 대의 카메라, 그리고 이를 지휘하는 전문 'PD'와 '제작사'의 설 자리는 사라진 것일까? 여기, 그 질문에 대해 정면으로 "아니요"라고 답하며 유튜브 생태계에 새로운 깃발을 꽂은 인물이 있다. 그는 자극적인 섬네일과 가벼운 편집이 난무하는 유튜브 바다 위에, TV 다큐멘터리 못지않은 품격과 깊이를 지닌 '지식의 무대'를 건축했다. '큰그림연구소'의 기수, 유재룡 PD다.

그가 유튜브 시장에 본격적으로 뛰어든 2020년 무렵, 유튜브는 'B 급 감성'이나 '날것의 재미'가 지배하던 시절이었다. 당시 그는 팟캐스트Podcast[25]로 이미 두터운 팬덤을 보유하고 있던 '일당백(일생동안 읽어야 할 백 권의 책)' 팀을 주목했다. 오디오 콘텐츠로는 훌륭했지만, 이를 영상으로 옮겼을 때 어떻게 차별화할 것인가가 관건이었다. 유재룡 PD는 과감한 제안을 던졌다. "이 깊이 있는 인문학 토크를 유튜브로 가져오되, 기존의 보이는 라디오 방송 같은 형식이 아니라, 제대로 된 '프리미엄 교양 프로그램'처럼 만들어봅시다."

그는 당시로서는 드물게 방송국 수준의 조명과 음향, 그리고 세련된 타이틀 시퀀스Title Sequence[26]를 도입했다. 단순히 카메라를 켜두는 것이 아니라, 출연자들의 대화 맥락에 맞는 컷 전환과 자료 화면을 삽입하여 시청자가 영상에 몰입할 수 있는 환경을 조성했다. 이것은 단순한 겉치레가 아니었다. 시청자들에게 "이곳은 믿을 수 있는 지식이 오가는 무대"라는 신뢰감Trust을 심어주기 위한 치밀한 무대 장치였다. 이러한 '고 퀄리티 전략'은 적중했다. 지식에 목마른 중장년층 시청자들은 그의 채널을 '신뢰할 수 있는 정보의 출처'로 인식했

---

25 팟캐스트(Podcast): 휴대용 오디오 재생기인 '아이팟(iPod)'과 방송을 의미하는 '브로드캐스트(Broadcast)'의 합성어이다. 2004년 처음 등장했으며, 현재는 인터넷을 통해 배포되는 구독형 오디오 콘텐츠를 통칭한다. 정해진 편성표에 상관없이 스마트 기기를 이용해 실시간으로 스트리밍하거나 원하는 시점에 재생해 들을 수 있는 것이 장점이다.

26 타이틀 시퀀스(Title Sequence): 영상의 시작 부분에 삽입되는 제목·로고·그래픽 연출 구간으로, 작품의 분위기와 정체성을 전달하는 역할을 한다.

고, 이는 단순한 조회 수 경쟁을 넘어 충성도 높은 팬덤을 구축하는 기반이 되었다.

유재룡 PD가 설계하는 무대의 핵심 철학은 '전문가 언어의 존중'이다. 기존의 레거시 미디어TV에서 전문가는 종종 제작진이 짜놓은 각본에 맞춰 정보를 전달하는 '기능인'으로 소비되곤 했다. 하고 싶은 말이 있어도 방송 분량 때문에 편집되거나, 재미를 위해 왜곡되는 경우도 많았다. 유 PD는 이 지점에 주목했다. 그는 전문가가 가진 학문적 깊이와 그들만이 쓰고 싶어 하는 언어를 최대한 살리되, 대중이 이해할 수 있는 형식으로 번역하고 포장하는 역할을 자처했다. "방송국에서는 PD가 기획한 틀에 전문가를 끼워 넣지만, 유튜브에서는 전문가가 진짜 하고 싶은 이야기를 할 수 있는 판을 깔아줘야 한다"라는 것이 그의 지론이다.

건축가 유현준 교수의 채널 '셜록현준'은 이 철학이 빛을 발한 대표적인 무대다. 건축이라는 다소 딱딱하고 대중적이지 않은 소재를 어떻게 유튜브에서 성공시킬 수 있을까? 유 PD는 유현준 교수의 통찰력을 믿었다. 그는 단순히 유명 건축물을 설명하는 방식을 넘어, 유 교수의 시선으로 세상을 해석하는 스토리텔링을 기획했다. 특히 일본 오사카 부동산 전문가 '마츠다 부장'과 협업하여 만화 〈짱구는 못 말려〉 속 '짱구네 집' 도면을 분석한 영상은 그의 기획력이 돋보이는 콘텐츠다.

그는 "왜 짱구네 집은 2층 구조일까?"라는 대중적 호기심을 미끼로 던지고, 그 안에서 한국과 일본의 건축 문화 차이, 부동산 시장의 특

성을 풀어내며 유 교수의 입담을 자연스럽게 유도했다. 유현준 교수
는 한국 건축가의 시선으로, 마츠다 부장은 일본 부동산업자의 시선
으로 짱구네 집을 분석하며 폭발적인 시너지를 냈다. 이는 전문가를
가르치려 들지 않고, 그들이 가장 잘 놀 수 있는 '멍석(무대)'을 깔아
준 결과였다.

　국제 정치 전문가 김지윤 박사의 '지식Play' 채널 역시 마찬가지다.
복잡한 국제 정세를 다루지만, 뉴스보다 더 깊이 있고 강의보다 더
흥미진진하다. 유 PD는 김지윤 박사가 가진 '정교한 분석력'을 돋보
이게 하기 위해, 방대한 자료 화면과 모션 그래픽을 적재적소에 배
치하여 시청자의 이해를 돕는 시각적 무대를 완성했다. 전문가가 말
로 설명하는 내용을 시청자가 눈으로 즉시 확인할 수 있도록 돕는
것, 그것이 바로 연출가가 해야 할 '번역'의 역할이기 때문이다.

　흥미로운 점은 유재룡 PD가 이들과 맺는 관계가 단순한 '외주 용
역'이 아니라는 사실이다. 그는 채널의 성장과 수익을 전문가와 제작
사가 공유하는 '지분 구조Equity Model'를 도입했다. 이는 "돈을 받았으
니 시키는 대로 찍어준다"라는 수동적인 태도를 버리고, "우리는 함
께 무대를 만드는 파트너"라는 주인의식을 갖게 했다. 이러한 파트
너십 덕분에 당장의 조회 수에 일희일비하지 않고, 시간이 지나도
가치가 퇴색하지 않는 '롱텀 콘텐츠Long-term Contents'를 쌓아 올릴 수
있었다.

　그 뚝심은 예상치 못한 순간에 빛을 발했다. 2024년 한강 작가의
노벨문학상 수상 소식이 들려왔을 때, 과거 '일당백' 채널에서 제작

했던 『소년이 온다』 리뷰 영상이 역주행하며 다시금 주목받은 것이다. 알고리즘이나 시류에 영합하지 않고 묵묵히 쌓아 올린 양질의 콘텐츠는 언젠가 반드시 빛을 본다는 것을 증명한 사건이었다. 유 PD는 "좋은 콘텐츠는 결국 다시 발견된다"라는 믿음을 현실로 만들었다.

 유재룡 PD는 말한다. 1인 미디어 시대에도 여전히 '연출'과 '기획'의 힘은 유효하다고. 누구나 영상을 찍을 순 있지만, 누구나 '큰 그림'을 그릴 수는 없다. 그는 전문가라는 원석을 발굴하고, 그들이 가장 빛날 수 있는 조명과 각도를 설계하며, 대중과 만나는 접점을 정교하게 다듬는다. 그가 만든 무대 위에서 지식은 지루한 공부가 아니라, 지적 호기심을 채워주는 즐거운 놀이가 된다.

[사진 출처: 〈디지털타임스〉 박동욱 기자, 각 채널 아트 갈무리]

'일당백', '김지윤의 지식Play', 유현준 교수의 '셜록현준', 서울대의 '샤로잡다' 시리즈는 '큰그림연구소'가 기획하거나 함께 운영하는 대표 채널이다. 이 채널들은 지식형 유튜브 콘텐츠의 새로운 흐름을 만들어 냈다.

"알고리즘을 쫓기보다,
사람(캐릭터)을 연구합니다"

이희대　레거시 미디어인 방송국 PD가 아닌, 외주 제작사의 제작 총괄로서 유튜브 시장에 뛰어드셨습니다. 레거시 미디어와 유튜브, 무대를 짓는 방식에서 가장 큰 차이는 무엇인가요?

유재룡　방송국에서는 정해진 포맷 안에 출연자를 끼워 넣는 경우가 많아요. 하지만 유튜브는 정반대입니다. 출연자, 즉 '캐릭터'가 먼저고 포맷은 그 사람에게 맞춰서 짜야 합니다. 저는 이걸 '전문가 언어의 존중'이라고 표현해요. 유현준 교수님이나 김지윤 박사님 같은 분들은 방송에 나가면 편집권이 없으니 하고 싶은 말을 다 못 한다는 갈증이 있으셨거든요. 유튜브는 그분들이 '방송국에서는 못 했던 얘기, 진짜 하고 싶었던 전문적인 얘기'를 맘껏 할 수 있도록 판을 깔아주는 곳입니다. 제작자인 저는 그분들의 깊이 있는 언어를 대중이 이해하기 쉬운 영상 언어로 번역해 주는 '조력자' 역할에 집중합니다.

이희대　팟캐스트였던 '일당백'을 유튜브로 옮겨올 때, 당시로서는 파격적인 '고 퀄리티 전략'을 쓰셨다고 들었습니다.

유재룡　맞습니다. 2020년쯤만 해도 유튜브는 가볍게 찍는 게 대세였

어요. 하지만 저는 '일당백'이 다루는 인문학적 깊이를 보여주
려면 때깔부터 달라야 한다고 생각했습니다. 그래서 방송국
에서나 쓰는 고가의 카메라와 조명, 세련된 타이틀 디자인을
도입해서 "이 채널은 프리미엄이다"라는 인식을 심어주려 했
죠. 정영진, 정박 님 같은 진행자들의 입담에 영상미를 더해
신뢰감을 주는 전략이었는데, 그게 지식 콘텐츠 시장에서 통
했던 것 같습니다.

이희대 지식 콘텐츠는 자칫 지루해지기 쉬운데, 대중을 사로잡은 비
결이 있다면요?

유재룡 저는 콘텐츠를 기획할 때 '주제, 형식, 캐릭터' 이 세 가지의
합을 가장 중요하게 봅니다. 주제가 무거우면 형식은 가벼워
야 하고, 캐릭터가 진지하면 편집은 속도감 있어야 해요. 예
를 들어 '셜록현준' 채널에서 조회 수가 잘 나왔던 기획 중 하
나가 '오사카에 사는 사람들'의 마츠다 부장님과의 컬래버레
이션이었어요. 단순히 유명한 두 사람을 붙인 게 아니라, '짱
구네 집 도면'이라는 가벼운 소재를 두고 한국의 건축가와 일
본의 부동산업자가 분석하는 구도를 짠 거죠. 무조건 쉽게만
만드는 게 아니라, 깊이는 유지하되 접근 방식을 비트는 '변
주'가 핵심입니다.

이희대 채널 운영 방식이 독특합니다. 단순 외주 제작이 아니라 수익

을 나누는 지분 구조라고 들었습니다.

유재룡　네, 맞습니다. 단순히 제작비만 받고 납품하는 '하청' 구조로는 양질의 콘텐츠 제작을 지속하기 어렵다고 판단했어요. "알아서 잘 만들어주세요"라고 맡기면 영혼 없는 결과물이 나오기 쉽거든요. 제작진도 채널의 지분을 갖고 주인이 되어야 더 치열하게 고민하고, 출연자분들도 저희를 단순 스태프가 아닌 파트너로 존중해 주십니다. 서로의 이해관계가 일치될 때, 비로소 '영혼이 담긴 콘텐츠'가 나온다고 믿습니다.

이희대　한강 작가의 노벨상 수상 때 '일당백' 채널의 과거 영상이 역주행했다고 들었습니다. 제작자로서 감회가 남다르셨을 것 같습니다.

유재룡　정말 짜릿했죠. 사실 그 영상(『소년이 온다』 편)을 올렸을 당시에는 조회 수가 별로 안 나왔거든요. 촬영할 때 진행자분들도 울고 저도 울면서 찍은, 정말 진심을 다한 콘텐츠였는데 반응이 없어서 아쉬웠죠. 하지만 한강 작가님이 노벨상을 받자마자 알고리즘이 그 영상을 다시 끌어올리더라고요. 유튜브 알고리즘은 단기적인 폭발력도 중요하지만, 결국 '신뢰할 수 있는 좋은 콘텐츠'는 시간이 지나도 살아남아 추천된다는 걸 확인했습니다. 그래서 당장의 조회 수보다 '몇 년 뒤에도 볼만한 영상인가'를 더 고민하게 됩니다.

이희대 미디어 전공 후배들이나 제작자를 꿈꾸는 이들에게 해주고
싶은 말이 있다면요?

유재룡 저도 처음 4~5년은 생존을 위해 닥치는 대로 영상을 찍으며
고생했습니다. 하지만 결국 '내가 가치 있다고 생각하는 것'을
놓지 않았기에 지금의 색깔을 찾을 수 있었어요. 남들이 하는
걸 따라 하기보다, 내가 재밌고 의미 있다고 생각하는 분야를
파고드세요. 지금 당장은 돈이 안 될 수도 있지만, 그 진심이
쌓이면 언젠가 시대의 흐름과 만나는 지점이 반드시 옵니다.

이희대 앞으로 '큰그림연구소'가 설계하고 싶은 다음 무대는 무엇인
가요?

유재룡 유튜브를 넘어 넷플릭스 같은 OTT 플랫폼에 걸릴 수 있는 다
큐멘터리나 기획물을 만들어보고 싶습니다. 그리고 서울대학
교와 함께 만든 '샤로잡다' 시리즈처럼, 기존의 딱딱한 기관
홍보 영상을 탈피해서 그 안의 진짜 매력을 스토리텔링으로
풀어내는 작업도 계속 확장해 나갈 계획입니다. 플랫폼이 어
디든, 좋은 이야기는 결국 통한다는 믿음으로 계속 무대를 넓
혀가야죠.

킥서비스

사라진 무대 위에 다시 지은, 그들만의 코미디 극장

〈개그콘서트〉의 폐지와 함께 사라진 꿈, 그리고 찾아온 절망
"방송국이 불러주지 않으면, 우리가 직접 무대를 짓는다"
현실 풍자와 상상력을 결합한 '뇌절 코미디'라는 새로운 장르

2020년 6월, 대한민국 코미디의 상징이자 수많은 희극인의 꿈이었던 KBS 〈개그콘서트〉가 21년의 역사를 뒤로하고 막을 내렸다. 대중에게는 그저 장수 예능 프로그램 하나가 사라진 것에 불과했겠지만, 무대 위에서 웃음을 먹고 사는 희극인들에게는 삶의 터전이 붕괴된 재난과도 같은 일이었다. 여기, 그 재난의 한복판에 서 있었던 한 청년이 있다. 어릴 적 TV를 보며 개그맨을 꿈꿨고, 심리학과를 졸업할 뻔했으나 군 제대 후 '망생이(개그맨 지망생)'를 자처하며 대학로 소극장을 전전했던 사람. 100대 1이 넘는 경쟁률을 뚫고 2016년 공채 개

그맨이 되었지만, 정작 자신의 이름을 제대로 알리기도 전에 무대를 잃어버린 사람. 유튜브 채널 '킥서비스'를 이끄는 개그맨 박진호다.

그에게 방송국의 공개 코미디 무대는 성역聖域이었다. 선배들의 엄격한 도제 시스템 속에서 아이디어를 검사받고, 제작진의 선택을 받아야만 무대에 오를 수 있었던 시절, 그는 그 좁은 문을 통과하기 위해 청춘을 바쳤다. 하지만 무대는 영원하지 않았다. 시청률이 한 자릿수로 떨어지고 '〈개그콘서트〉, 위기다'라는 기사가 쏟아질 때도, 정작 태풍의 눈 속에 있던 그들은 매주 다음 주 녹화를 준비하느라 그 위기를 실감하지 못했다. 진짜 위기는 프로그램이 폐지된 후, 서바이벌 프로그램 〈개승자〉에서 탈락했을 때 찾아왔다.

공채 개그맨임에도 '신인 팀'이라는 타이틀로 참가했던 그는 탈락이 확정되자 무대 뒤에서 대성통곡했다. 그것은 단순한 패배의 슬픔이 아니었다. 방송국이 만들어 놓은 무대, 누군가가 불러줘야만 설 수 있는 무대에 목을 매는 삶이 끝났음을 알리는 신호탄이었다. 그는 눈물을 닦으며 결심했다. "더 이상 기다리지 말자. 우리가 직접 무대를 짓자."

그렇게 탄생한 것이 유튜브 채널 '킥서비스'다. 동료 개그맨 정진하와 함께 의기투합하여 만든 이 채널은 처절하리만치 열악한 환경에서 시작됐다. 다이소에서 산 5천 원짜리 삼각대와 룸메이트에게 빌린 카메라 말고는 아무런 장비도 갖추지 못했다. 마이크조차 없어 카메라를 향해 악을 쓰며 대사를 쳐야 했다. 초반에는 기존 팬들이 원하던 코너를 올렸지만 반응이 없었고, 조회 수는 처참했다. 하지만 그들은 멈추지 않았다. 방송국 시스템에서 훈련된 탄탄한 '기획력'과 '연기력'이라는 무기를 바탕으로, 유튜브라는 거친 야생野生에 적응하기 위해 기존의 문법을 해체하기 시작했다.

이들이 설계한 무대의 핵심은 '공감'과 '비틀기'의 결합이다. 당시 유튜브에는 '숏박스'나 '너덜트'처럼 극사실주의에 입각한 공감 코미디를 내세운 채널이 대세였다. 하지만 박진호와 정진하는 자신들의 비주얼과 연기 톤이 평범한 연애나 일상 이야기를 연기하기에는 다소 튀는 색깔임을 인정했다. 그래서 그들이 선택한 전략은 공감이라는 베이스 위에 '과장'과 '상상력'을 한 스푼 더하는 것이었다.

그 대표작이 바로 '10년 후' 시리즈다. "코로나 학번이 10년 뒤 선배가 되어 MT를 간다면?", "저출산 시대에 귀해진 아이들이 10년 뒤 군대에 간다면?" 같은 식이다. 이것은 단순한 상황극이 아니라, 현재 우리 사회가 겪고 있는 문제와 트렌드를 10년 뒤라는 미래 시점으로 보내 풍자하는 고도의 사회 비판 코미디다. 사람들은 이를 두고 '뇌절 코미디[27]'라 부르며 열광했다. 과거에는 '블랙 코미디'로 불리던 장르가 유튜브 시대에 맞춰 진화한 셈이다. 현실에 발을 딛고 있지만 상상력을 통해 한 번 더 비틀어낸 이 독창적인 포맷은, 방송국 코미디가 다루지 못했던 날카로운 시의성을 확보하며 킥서비스

---

27 뇌절 코미디: '똑같은 말이나 행동을 질리도록 반복한다'라는 부정적 의미의 '뇌절'이 코미디와 만나 탄생한 장르다. 일상의 아주 사소한 부분을 지독할 정도로 세밀하게 묘사해 '공감 섞인 민망함'을 자아내거나, 하나의 상황을 끝까지 밀어붙여 결국 실소를 터뜨리게 만든다. 선을 넘는 집요함이 주는 카타르시스가 이 장르의 핵심이다.

만의 확실한 정체성이 되었다.

이제 그들의 회의실은 단순한 아이디어 회의 공간이 아니다. 그곳은 매일 10시간씩 머리를 맞대고 대본을 쓰고, 촬영 동선을 짜고, 소품을 준비하는 치열한 '프로덕션의 현장'이다. 박진호는 스스로를 더 이상 방송국 소속의 희극인이 아니라, 콘텐츠를 기획하고 유통하며 비즈니스를 관리하는 '크리에이터이자 사업가'로 정의한다. 그는 댓글 데이터를 분석하여 시청자의 이탈 구간을 체크하고, 섬네일 하나를 정하기 위해 파트너와 수십 번의 토론을 거친다. 과거 제작진이 해주던 모든 일을 스스로 해내야 하는 고단함이 있지만, 그는 지금이 더 행복하다고 말한다. 시청자의 반응을 실시간으로 확인하고, 내 아이디어가 온전히 내 작품으로 남는 주체적인 삶을 살고 있기 때문이다.

미디어 환경은 급변했고, 온 가족이 TV 앞에 모여 함께 웃던 시절은 지났다. 하지만 박진호는 말한다. "플랫폼은 변해도, 웃음을 원하는 사람들의 본능은 영원하다"라고. 과거의 무대가 사라진 자리에, 그는 스마트폰이라는 매우 작지만 무척 강력한 무대를 새로 지었다. 2023년 〈개그콘서트〉라는 거대한 무대가 다시 문을 열었지만, 그 무대 위에서 그는 여전히, 그리고 영원히 사람들을 웃기는 '광대'로 남기를 자처한다.

[사진 출처: 〈디지털타임스〉 박동욱 기자, '킥서비스' 유튜브 채널 갈무리]

〈개그콘서트〉의 폐지로 삶의 터전을 잃은 개그맨들은 유튜브라는 척박한 땅에 새로운 무대를 지었다. 그 중심에 선 박진호와 정진하는 '킥서비스' 채널을 열고, 열악한 환경 속에서도 방송국 시절 체득한 탄탄한 기획력을 무기 삼아 자신들만의 코미디를 펼치고 있다. 이들은 사실주의 코미디의 홍수 속에서 '공감'과 '비틀기'를 결합한 차별화된 색깔로 독보적인 정체성을 확보했다. 특히 미래 시점의 사회 풍자인 '10년 후' 시리즈로 MZ 세대의 열광을 끌어내며 '뇌절 코미디'라는 신선한 장르를 구축하는 데 성공했다. 이제 이들은 단순한 희극인을 넘어 콘텐츠의 전 과정을 책임지는 크리에이터로 거듭났으며, 투명한 수익 배분과 인센티브 시스템을 정립해 팀워크를 지켜내는 사업가적 면모까지 발휘하고 있다.

"무대는 주어지는 것이 아니라,
우리가 만드는 것입니다"

이희대 처음에 유튜브를 시작할 때, 방송국 출신으로서 기술적인 어려움은 없었나요? 영상 퀄리티나 장비 같은 문제들이요.

박진호 정말 아무것도 몰랐어요. [웃음] 처음에 '숏박스'의 원훈 선배가 저희 촬영하는 걸 보더니 충격을 받은 듯하더라고요. 마이크도 없이 카메라에 대고 생목으로 소리를 지르면서 연기하고 있었거든요. "여기는 극장이 아니다, 유튜브다. 오디오가 생명이다"라고 혼났죠. 그때는 오디오가 중요하다는 것도 몰라서 그냥 목소리 크게 하면 녹음 잘 되겠지 생각했던 거예요. 다이소에서 산 삼각대에 빌린 카메라 하나 놓고 무작정 시작했는데, 오히려 그 무지함과 헝그리 정신 덕분에 장비 탓하지 않고 콘텐츠 내용에만 더 집중할 수 있었던 것 같습니다.

이희대 〈개그콘서트〉가 폐지되고 서바이벌 프로그램 〈개승자〉에서도 탈락했을 때, 심적으로 많이 힘들었을 것 같습니다. 그때의 감정이 지금의 원동력이 되었나요?

박진호 맞아요. 〈개그콘서트〉가 없어지고 〈개승자〉라는 프로그램에 신인 팀으로 나갔는데 탈락했어요. 무대 뒤에서 정말 엉엉 울었습니다. 2년 동안 쌓였던 설움이 터진 거죠. "내가 개그를 계속할 수 있을까?"라는 공포가 컸어요. 그런데 바닥을 치고 나니까 오히려 개운해지더라고요. 동료들과 매일 모여 "방송국이 무대를 주지 않으면 우리가 만들자. 우리끼리라도 재밌는 거 하자"라며 뜻을 모았고, 그때의 그 절박함이 '킥서비스'의 시작이었습니다. 그때는 정말 돈도 없고 힘들었지만, 아이러니하게도 동료들과 개그를 짤 수 있어서 제일 재밌었던 시기이기도 해요.

이희대 '10년 후' 시리즈 같은 아이디어는 어떻게 나오게 된 건가요?

박진호 사실 처음에는 〈개승자〉 때 회의하다가 나온 아이디어였어요. 코로나 때문에 대학생들이 MT도 못 가고 술자리 문화도 모르는데, 나중에 이 친구들이 선배가 되면 후배들한테 뭘 가르쳐줄까? 술 게임을 나무위키로 배워서 가르쳐주지 않을까? 이런 상상에서 시작됐죠. 처음에는 조회 수가 3~400회밖에 안 나와서 "이거 망했나?" 싶었어요. 그런데 틱톡TikTok과 릴스Reels 같은 숏폼에서 먼저 반응이 터지면서 유튜브에서도 역주행을 하더라고요. 현실에 있을 법한 상황을 아주 조금 비틀어버리는 이른바 '뇌절' 감성이 MZ 세대에게 통한 거죠.

이희대 정진하 님과 함께 운영하시는데, 의견 충돌은 없나요?

박진호 매일 싸웁니다. [웃음] 근데 그게 감정싸움이 아니라 '토론'이에요. 저랑 진하가 개그 취향이 정반대거든요. 저는 좀 논리적인 걸 좋아하고 진하는 감각적인 걸 좋아해요. 서로 안 맞으니까 계속 부딪히는데, 그 과정에서 둘 다 만족하는 결과물이 나오면 그건 무조건 터지더라고요. 일주일에 5일 만나서 하루 10시간씩 회의만 하는데, 그 치열한 토론이 저희의 원동력입니다.

이희대　이제는 단순한 개그맨이 아니라 채널을 운영하는 사업가적인 면모도 필요할 것 같습니다. 특히 수익 배분 문제는 예민할 수 있는데요.

박진호　맞습니다. 예전에는 매니저나 제작진이 해주던 계약서 검토, 세금 계산서 발행, 광고주 미팅까지 다 직접 해야 해요. 가장 신경 쓴 건 수익 배분이에요. 유튜브를 먼저 시작한 선배들이 '돈 문제로 팀이 깨지는 경우가 많다'고 조언해 줬거든요. 그래서 저희는 처음부터 출연해 주는 동료들에게 수익을 정확히 쉐어하는 시스템을 만들었고, 브랜디드 광고Branded Contents[28]를 진행할 때는 함께 고생한 동료들에게도 확실하게 인센티브를 챙겨줍니다. 개인 사업자로서 마인드셋이 완전히 바뀌었죠.

---

28 브랜디드 광고(Branded Contents): 특정 브랜드가 직접 제작하거나 후원하여, 콘텐츠 속에 브랜드 메시지를 자연스럽게 녹여내는 광고 방식이다.

이희대 코미디언을 꿈꾸는 후배들이 '재능이 중요해요, 노력이 더 중
요해요?'라고 묻는다면 뭐라고 답하시겠습니까?

박진호 솔직히 10%의 재능과 90%의 노력이라고 생각해요. 예전에
는 노력이 100%라고 생각했는데, 하다 보니 카메라 앞에서
뻔뻔하게 연기할 수 있는 그 10%의 재능은 필수더라고요. 하
지만 그 기본기만 있다면 나머지는 유튜브라는 열린 무대에
서 얼마든지 노력으로 증명할 수 있습니다. 방송국 공채가 없
다고 좌절하지 마세요. 이제는 시청자가 직접 뽑아주는 시대
니까요.

이희대 미디어 환경이 계속 변하고 있습니다. 앞으로 킥서비스의 목
표는 무엇인가요?

박진호 예전에는 술 먹고 "내가 개콘 살릴 거야." 하면서 울기도 했어
요. 하지만 지금은 생각이 바뀌었습니다. 플랫폼은 유튜브가
될 수도 있고, 나중에 또 새로운 게 나올 수도 있겠죠. 하지만
'코미디'라는 본질은 변하지 않아요. 저희는 어디가 됐든 사람
들이 모인 곳에 가서 판을 벌일 겁니다. 옛날 장터의 광대처
럼요. "이리 오세요"라고 하며 기다리는 게 아니라, "저희 왔
습니다!" 하고 찾아가는 코미디언이 되고 싶습니다.

포맷을 만든 사람들

무대는 주어지는 것이 아니다. 이들은 남들이 가지 않는 길에 카메라를 세우고, 기존의 형식을 파괴하며 자신만의 '방송국'을 세웠다. 15초의 짧은 숏폼부터, 오디오를 넘어선 비주얼 토크쇼, 그리고 방송사의 자료실까지, 이들이 설계한 독창적인 무대들을 조명한다.

케빈스튜디오(KevinStudio)

게임이라는 가상 공간에, 세대 갈등이 없는 '무해한 놀이터'를 짓다

2015년부터 활동한 1.5세대 게임 크리에이터이자, 이제는 M 세대(밀레니얼 세대) 가장이 된 '케빈스튜디오'의 최케빈. 하지만 그의 무대인 〈마인크래프트Minecraft〉[29] 안에서는, Z 세대나 알파 세대와 격의 없이 뒹구는 '골목대장'으로 남아 있다. 그에게 게임은 단순히 공략하고 클리어해야 할 대상이 아니라, 자신만의 이야기와 상황극을 펼치는 거대한 '디지털 세트장'이다. 그는 사용자가 자유롭게 세상을 창조하는 '샌드박스Sandbox' 장르의 특성을 십분 활용하여, 게임 속에 학교, 감옥, 무인도 등 다양한 무대를 직접 '건축'한다. 그 위에서 크루들과 함께 펼치는 그의

---

29 〈마인크래프트(Minecraft)〉: 사용자가 블록을 조합해 세상을 만들고 탐험하는 디지털 게임으로, '샌드박스(Sandbox)' 장르의 대표작으로 꼽힌다.

상황극은 단순한 게임 플레이 중계를 넘어선 일종의 '디지털 예능'이다. 10년이라는 긴 시간 동안 도태되지 않고 10대부터 30대까지 세대를 관통하는 팬덤을 유지한 비결은, 억지로 유행을 좇기보다 자신만의 색깔인 '최케빈스러움'을 무대 위에 꾸준히 쌓아 올린 데 있다. 그는 가상 공간에 세대를 초월한 소통의 집을 지은 디지털 건축가다.

캐리TV 장난감친구들

장난감 리뷰 유튜브 채널에서 어린이 방송국으로

'캐리TV 장난감친구들'의 무대는 이제 유튜브라는 플랫폼을 넘어섰다. 초기에는 '캐리 언니'가 책상 위에서 장난감을 가지고 놀아주는 친근한 1인 극장이었다면, 지금의 캐리TV는 뮤지컬 공연장, 캐릭터 IP 사업, 그리고 자체 케이블 채널까지 아우르는 거대한 '키즈 방송국'으로 진화했다. 이들은 단순히 아이들의 눈을 즐겁게 하는 것을 넘어, 아이들의 생활 습관과 문화를 선도하는 '키즈 유니버스'라는 광활한 무대를 건축했다. 1인 미디어가 성장하여 제도권 방송국과 대등한, 혹은 그 이상의 영향력을 가진 미디어 그룹으로 확장될 수 있음을 보여주는 상징적인 사례다.

일당백(일생동안 읽어야 할 백권의 책)

팬들이 벽돌을 쌓아 올린 '보이는 지식의 성'

2017년, 오디오 팟캐스트로 시작한 '일당백'은 목소리만으로 도서 부문

1위를 석권하며 '듣는 독서'의 전성기를 열었다. 하지만 유튜브라는 영상의 시대가 도래하자, 이들은 과감하게 '보이는 무대'로의 확장을 결심한다. 흥미로운 점은 이 무대를 짓는 방식이었다. 이들은 스튜디오와 제작비를 마련하기 위해 크라우드 펀딩을 열었고, 팬들은 기꺼이 지갑을 열어 지식의 성을 쌓는 벽돌이 되어주었다. 정영진·정박·이지선 트리오의 입담은 이제 팬들이 만들어 준 시각적 무대 위에서 더욱 생생하게 살아났다. 플랫폼의 문법이 아닌, 팬덤의 신뢰 위에 지어진 무대이기에 이들의 지식 토크는 9년째 흔들림 없이 지속되고 있다.

올 더 케이팝(ALL THE K-POP)

24시간 잠들지 않는 '글로벌 놀이터'

MBC플러스의 유튜브 채널 '올 더 케이팝ALL THE K-POP'은 역설적이게도 음악 전문 TV 채널이 없다는 '결핍'에서 시작된 무대였다. 이들은 방송사 자료실에 잠들어 있던 수많은 아카이브(자료)를 꺼내어, 전 세계 K-POP 팬들이 24시간 뛰어놀 수 있는 구독자 695만의 '글로벌 놀이터'를 탄생시켰다. 시차로 인해 본방송을 놓치는 해외 팬들을 위해 24시간 라이브 스트리밍 무대를 열고, 화려한 본무대뿐만 아니라 아이돌의 출퇴근길, 대기실 같은 자투리 공간마저 '리얼리티 무대'로 탈바꿈시켰다. 이 무대 위에서 K-POP은 24시간 잠들지 않고 전 세계와 연결되며, 과거의 영상은 현재의 팬들과 만나 새로운 생명력을 얻는다.

현실을 압도하는 스케일,
'세트장'이 곧 콘텐츠다

"〈오징어 게임〉 세트장을 현실에 짓는다.

압도적인 스케일과 디테일, 그 자체가 그가 설계한 무대다"

미스터비스트가 전 세계 1위 유튜버로 도약하게 된 결정적인 사례를 꼽자면, 단연 〈오징어 게임Squid Game〉을 현실에서 재현한 프로젝트를 들 수 있다. 그는 넷플릭스 드라마 속 세트를 짓기 위해 수십억 원을 쏟아부었고, 456명의 참가자를 실제로 모집해 45만 6천 달러(약 7억 원)에 달하는 상금을 걸고 게임을 진행했다.

영상 공개 후 불과 몇 시간 만에 수천만 회의 조회 수를 기록했으며, 현재는 미스터비스트 채널에서도 상위에 속하는 높은 조회 수를 기록한 영상 중 하나이다.

그는 단순히 자극적인 게임을 보여주는 데 그치지 않았다. 대중이 열광하는 콘텐츠인 〈오징어 게임〉을 매개로 거대한 자본을 투입해 '실제 상황'을 연출함으로써, 시청자들이 마치 드라마 속에 들어와 있는 듯한 강력한 몰입감과 연대감을 느끼게 설계했다.

그가 설계하는 무대의 핵심은 '현실의 왜곡Reality Distortion'이다.

- 압도적 스케일: 그는 CG나 특수효과로 눈속임을 하지 않는다. 실제로 땅을 파고, 건물을 짓고, 무인도를 통째로 빌린다. 시청자는 그 압도적인 물리적 실체 앞에서 경외감을 느낀다.

- 생생한 디테일: 참가자와 시청자가 "이거 진짜야?"라고 묻게 만드는 디테일은, 영상 속 상황을 단순한 '구경거리'가 아닌 실제 '사건'으로 받아들이게 한다.

미스터비스트에게 무대란 단순히 카메라 앵글 속에 담기는 배경이 아니다. 그는 자신의 자본과 기획력을 총동원하여 '불가능해 보이는 상상을 현실의 무대 위에 건설'함으로써, 경쟁자들이 감히 넘볼 수 없는 격차Moat를 만든다. 그는 말한다. "평범한 것은 클릭하지 않는다. 보라색 소Purple Cow[30]처럼 압도적으로 눈에 띄는 무대를 지어라."

호모 인플루언서에게 무대란, 상상력의 크기를 증명하는 거대한 캔버스다.

---

30 보라색 소(Purple Cow): 마케팅 전문가 '세스 고딘(Seth Godin)'이 제시한 개념으로, 소비자의 시선을 단번에 사로잡는 차별화된 상품이나 콘텐츠를 뜻한다.

5부

규칙을 다시 쓰는 사람들
(Rule)

박가네(ぱく家)

뉴스보다 빠른 수다, 국경을 넘는 투 머치 토커

딱딱한 외교 뉴스 대신, 식탁 위 '장바구니 물가'로 일본을 읽다

영업맨 출신 한국인 남편과 일본인 아내가 빚어내는 '환상의 티키타카'

"우리는 기자가 아닙니다. 생활인으로서 '진짜'를 말할 뿐입니다"

우리가 흔히 '일본 소식'을 접하는 창구는 어디였던가? 방송국의 뉴스 아나운서나 특파원이 엄숙한 목소리로 전하는 외교 분쟁 같은 딱딱한 기사가 전부였다. 거시적인 담론은 넘쳐나지만, 정작 "지금 일본 사람들은 점심값으로 얼마를 쓸까?", "일본의 평범한 직장인은 한국을 정말 싫어할까?" 같은 피부에 와닿는 '진짜 정보'는 늘 부족했다. 여기, 그 빈틈을 파고들어 기존 미디어의 틀을 보란 듯이 깨부순 유튜브 채널이 있다. 홋카이도에서 도쿄까지, 일본 열도를 종횡무진하며 쉴 새 없이 떠드는 '투 머치 토커Too Much Talker' 부부가 운영하는 유튜브 채널 '박가네'다.

'박가네'의 영상에는 화려한 편집이나 방송국 수준의 세트장이 없다. 그저 식탁이나 책상 앞에 앉은 한국인 남편 '오상(박준상)'과 일본인 아내 '츄미코(박미사)'가 카메라를 켜고 수다를 떨 뿐이다. 하지만 그 입담의 밀도는 상상을 초월한다. 전직 영업맨 출신인 오상의 말솜씨는 마치 속사포 랩처럼 쏟아지는데, 문법적으로는 '말이 너무 많다'는 뜻의 '투 머치Too Much'일지 몰라도, 그 정보량과 재미만큼은 결코 과하지 않다. 오히려 듣다 보면 '다음 이야기가 미치도록 궁금해지는' 마력을 지녔다.

이들이 깬 첫 번째 규칙은 '뉴스의 엄숙주의'다. 보통 한일 관계나 일본 경제 같은 주제는 무겁고 진지하게 다뤄지기 마련이다. 하지만 박가네는 이를 부부의 만담으로 풀어낸다. 오상이 한국인의 시각에서 날카롭게 이슈를 던지면, 츄미코는 일본 현지인의 감각으로 소소하지만 핵심을 찌르는 리액션을 더한다.

이들의 대화 속에서 '일본의 장기 불황'이나 '디플레이션' 같은 거창한 경제 용어는 교과서 밖으로 걸어 나온다. 예를 들어, 이들은 마트 전단지를 들고나와 '1월 2일 점심에 만든 참치 초밥이 저녁이 되니 반값도 안 되게 떨어졌다'는 사실을 보여주며 일본의 소비 심리를 설명한다. 또한, 한국의 '신라면'이 일본 코스트코에서 얼마에 팔리는지, 순두부찌개 키트가 현지에서 어떤 대접을 받는지를 보여주며 '한류'가 뉴스 속 단어가 아니라 일본인의 저녁 식탁 위에 실재하는 현상임을 증명한다. 시청자들은 뉴스로 일본의 정치·경제·사회를 공부

하듯 익히는 것이 아니라, 옆집 부부의 수다를 엿듣는 기분으로 습
득한다.

두 번째로 이들이 깬 규칙은 '전문가의 정의'다. 기존 미디어에서
일본 전문가는 주로 교수나 언론사 특파원이었다. 하지만 박가네는
스스로를 '생활인'으로 정의한다. 남편 오상은 일본 유수 대학 경제
학부를 졸업하고 15년간 일본 기업에서 산전수전을 겪은 '실전형 인
재'이며, 아내 츄미코 역시 로스쿨 출신으로 항공사와 법조계에서 일
한 재원이다. 그들은 책상 위 이론이 아니라, 직접 세금을 내고 일본
회사에 다니며 부대끼는 고단한 삶 속에서 체득한 '생존 지식'을 이
야기한다.

그 대표적인 예가 만화 〈짱구는 못말려〉 속 '짱구네 집'을 분석한 콘
텐츠다. 그들은 "짱구 아빠는 부자일까?"라는 단순한 호기심을 미끼
로, 35년 만기 주택담보대출(론)의 구조와 일본의 버블 경제, 그리고
평생 은행 빚을 갚아나가는 일본 가장들의 현실을 적나라하게 해부
한다. "짱구네 집은 짱구 아빠 것이 아니라 사실상 은행 것이다"라는
그들의 명쾌한 해설은, 그 어떤 경제학 강의보다 더 직관적으로 일
본의 부동산 경제를 이해시킨다. 이는 1인 미디어가 기성 미디어의
대척점이 아니라, 기성 미디어가 놓친 틈새를 메우는 강력한 '보완
재'로서 기능함을 증명한다.

무엇보다 박가네가 가진 힘은 '성실함'이라는 가장 기본적이고도 강
력한 규칙을 지키는 데서 온다. 주 3회 이상, 라디오 생방송하듯 쏟
아내는 그들의 영상은 단순한 수다가 아니다. 그 이면에는 방대한

자료 조사와 현지 언론 분석, 그리고 무엇보다 치열하게 살아내는 일상이 녹아있다. 오상의 화려한 언변 뒤에는 팩트를 체크하고 논리를 세우는 집요함이, 츄미코의 엉뚱한 리액션 뒤에는 한국 문화를 이해하려는 깊은 배려가 깔려 있다.

 박가네는 말한다. 거창한 외교 담론보다 중요한 것은, 국경을 넘어 서로의 일상을 궁금해하고 이해하려는 태도라고. 그들은 기자가 아니다. 하지만 그들은 그 어떤 특파원보다 더 생생하게, 그리고 유쾌하게 일본이라는 나라를 우리 안방으로 배달한다. 그들이 다시 쓴 미디어의 규칙 위에서, 정보 습득은 더 이상 딱딱한 공부가 아니라 매일 기다려지는 즐거운 수다가 된다.

[사진 출처: '박가네' 유튜브 채널 갈무리]

일본의 일상과 문화를 유쾌하게 풀어내는 유튜브 채널 '박가네'. 일본 정보를 전달하는 채널이지만, 레거시 미디어의 '뉴스'와 완전히 다른 일종의 토크쇼 형식을 취하고 있다. 메일을 통해 사전에 이 부부와 이야기를 나누며 느낀 점은, 자신들이 하는 일에 누구보다 성실하게 임하고 있다는 것이었다. 그 정성은 유튜브 채널의 콘텐츠 곳곳에서 고스란히 드러난다.

박가네가 깬
한일 콘텐츠의 3가지 규칙

인터뷰어 없이도 스스로 묻고 답하며 끊임없이 이야기를 쏟아내는 '박가네'. 이들이 유튜브 생태계, 특히 해외 정보 콘텐츠 분야에서 독보적인 위치를 점할 수 있었던 비결을 3가지 키워드로 분석했다.

Rule 1. 뉴스보다 빠른 수다(Speed & Chemistry)

기존의 정보 전달 콘텐츠는 '정확성'을 위해 '재미'를 희생하거나, 반대로 '재미'를 위해 '정보'를 왜곡하는 경우가 많았다. 박가네는 이 딜레마를 '캐릭터의 케미Chemistry'로 돌파했다. 전직 영업맨 출신 남편 '오상'의 압도적인 오디오 채우기 능력Too Much Talker과 한국어가 서툴지만 핵심을 찌르는 아내 '츄미코'의 엉뚱한 매력은 딱딱한 시사·경제 이슈조차 시트콤처럼 소비하게 만든다. '뉴스는 지루하다'는 편견을 깨고, '정보 전달도 엔터테인먼트가 될 수 있음'을 입증했다.

Rule 2. 현지인 vs 이방인의 시각차(Dual Perspective)

보통의 일본 관련 채널이 한국인의 시각에서 일본을 분석하거나, 일본인의 시각에서 한국을 찬양하는 한 방향 소통에 그친다면, 박가네는 '내부자이자 외부자'의 시선을 동시에 견지한다. 한국인 남편은 일본 사회의 폐쇄성을 비판하면서도 그 시스템이 돌아가는 원리를 설명하고, 일본인 아내는 한국 문화의 역동성을 부러워하면서도 일본 특유의 안정감을 대변한다. 이 '이중 시점Dual Perspective'은 시청자로 하여금 한쪽에 치우치지 않고 입체적으로 대상을 바라보게 하는 균형추 역할을 한다.

Rule 3. 매스미디어의 빈틈, 생활 밀착형 경제(Micro-Economics)

레거시 미디어(TV, 신문)가 거시 경제 지표와 정치적 이슈에 집중할 때, 박가네는 철저히 '생활인의 감각'에 집중한다. 소비세 인상이 편의점 도시락 가격에 미치는 영향, 신라면 한 박스의 가격 차이, 짱구 아빠의 주택 담보 대출 상환 기간 등은 특파원이 전하기 힘든 미시적Micro 정보들이다. 박가네는 이러한 생활 밀착형 정보가 오히려 대중에게는 더 절실한 '진짜 뉴스'임을 간파했다. 이는 1인 미디어가 매스미디어와 경쟁하는 것이 아니라, 서로의 빈 곳을 채워주는 '상호 보완적 관계'임을 보여주는 가장 모범적인 사례다.

18장

최인석, 레페리(Leferi) 대표

감성의 뷰티 시장에 이성의 데이터를 심다

블로그 시대의 끝자락, 영상의 시대를 예견한 25세 청년의 도전

"감이 아닌 과학으로 증명하라…." 사람이 직접 쓴 '데이터 지도'

단순한 소속사를 넘어, 크리에이터와 함께 비즈니스를 짓는 '가치 사슬'의 설계자

2013년, 대한민국 온라인 마케팅의 패권은 여전히 글과 사진이 지배하고 있었다. '파워 블로거'라는 이름이 곧 권력이던 시절, 스물 다섯 살의 대학생 최인석은 그 흐름의 정점에서 역설적으로 시대의 종말을 읽어냈다. 파워 블로거로 활동하며 트렌드의 최전선에 있었 던 그는 해외 시장의 움직임을 보며 직감했다. "텍스트와 이미지의 시대는 저물고 있다. 곧 동영상, 유튜브의 시대가 올 것이다."

당시 국내에는 유튜브라는 플랫폼조차 생소했고, '뷰티 유튜버'라 는 직업은 존재하지도 않았다. 주변의 만류와 의구심 속에서도 그는 자본금 100만 원 남짓으로 창업 전선에 뛰어들었다. 국내 최초의 뷰티 전문 MCN_{Multi-Channel Network},[31] '레페리_{Leferi}'는 그렇게 무모한 예언에서 시작되었다.

최인석 대표가 뷰티 산업에 던진 첫 번째 화두는 '증명'이었다. 뷰티 마케팅은 전통적으로 '감성'의 영역이었다. "제품이 예뻐서", "유명한 사람이 써서" 같은 모호한 이유로 수십억 원의 예산이 집행되곤 했다. 기업들은 유튜버에게 광고를 주면서도 그 효과를 확신하지 못했다. 최인석은 여기에 '데이터'라는 이성적인 잣대를 들이댔다. 그는 사내에 '기업 부설 연구소(데이터 랩)'를 설립했다.

당시에는 지금처럼 고도화된 AI나 자동화 툴이 없었다. 그럼에도 그는 무모하리만치 집요한 방식을 택했다. 직원들과 함께 유튜브에 올라오는 모든 뷰티 관련 영상을 직접 눈으로 보고, 전수 조사하여 엑셀에 기록하기 시작한 것이다. 어떤 크리에이터가 어떤 제품을 추천했는지, 그 뉘앙스는 긍정적인지 부정적인지, 단순 추천인지 비교·분석인지까지 99%의 정확도로 기록했다. 기계적인 알고리즘이 놓치는 '맥락'을 파악하기 위해서였다. "우리는 대한민국 뷰티 유튜브의 모든 데이터를 가지고 있다"라는 그의 자신감은 허세가 아니었다. 이 아날로그적 노력이 쌓여 만든 데이터 지도는 대기업 광고주들을 설득하는 가장 강력한 무기가 되었고, 레페리는 감성의

---

31 MCN(Multi-Channel Network): 우리말로 '다중 채널 네트워크'라고 하며, 다수의 크리에이터 채널을 관리·지원하고 콘텐츠 제작 · 광고 · 유통 · 수익화 등을 종합적으로 운영하는 미디어 네트워크를 말한다.

영역을 숫자의 과학으로 증명해 낸 유일한 파트너로 인정받기 시작했다.

그가 쓴 두 번째 서사는 '육성'이다. 당시 MCN 사업은 이미 유명해진 크리에이터들을 모아 관리하며 수수료를 떼는 '연예 기획사' 모델이 주류였다. 하지만 최인석은 '없으면 만들면 된다'는 생각으로 '교육'에 초점을 맞췄다. 화장법을 영상으로 찍고 싶지만 방법을 모르는 평범한 학생과 직장인들을 모집해 영상 편집부터 기획까지 가르쳤다. 이는 단순히 스타를 영입하는 것이 아니라, 산업의 기초가 되는 인적 자원을 직접 길러내는 '사관학교' 방식이었다.

그는 이미 색깔이 굳어진 기성 창작자보다, 하얀 도화지 같은 '완전한 초보'를 선호했다. 예술가적 고집보다는 성실함과 배우려는 자세를 가진 이들이 오히려 더 빠르고 단단하게 성장한다는 것을 경험적으로 알았기 때문이다. 이 시스템을 통해 배출된 1,000여 명의 크리에이터들은 현재 K-뷰티 콘텐츠의 허리가 되었고, 레페리는 단순한 에이전시를 넘어 뷰티 크리에이터의 등용문이 되었다.

무엇보다 레페리가 기존 MCN 모델의 한계를 극복하고 흑자 기업으로 생존할 수 있었던 비결은 '가치 사슬Value Chain의 완성'에 있다. 초기 MCN 기업들이 크리에이터의 광고 수익 일부를 나누는 수수료 모델에만 의존하다가 적자의 늪에 빠질 때, 최인석 대표는 더 큰 그림을 그렸다. 그는 크리에이터를 단순히 광고 모델로 소비하지 않았다. 그들과 함께 브랜드를 만들고(제조), 유통하는 커머스 생태계를 구축했다.

그는 중국의 '위챗WeChat' 상거래 모델에서 영감을 받아, 크리에이터가 카카오톡 등 메신저를 통해 팬들과 소통하며 자연스럽게 제품을 추천하고 판매하는 '소셜 마켓' 모델을 국내에 도입했다. 이는 방송 중에만 반짝 판매하는 홈쇼핑과는 달랐다. 평소 '이 립스틱 색깔 어때요?'라는 식의 질문을 편하게 던지고 답할 정도로 친밀한 관계에서 실제 구매로 이어졌기에, 반품률은 낮고 재구매율은 높았다. 크리에이터에게는 자신의 이름을 건 브랜드를 갖게 하고, 소비자에게는 검증된 제품을, 기업에는 확실한 매출을 보장하는 이 선순환 구조는 레페리를 단순한 엔터테인먼트 회사가 아닌 거대한 뷰티 비즈니스 그룹으로 도약하게 했다.

블로그 시대의 끝자락에서 영상 시대의 도래를 예견했던 청년은, 이제 뷰티 산업의 규칙을 다시 쓰며 증명해 냈다. 영향력은 단순히 유명세에서 오는 것이 아니라, 데이터를 기반으로 한 치밀한 전략과 사람을 키우는 진정성, 그리고 그것들을 통해 산업의 구조를 바꾸는 과감한 실행력에서 온다는 사실을 말이다.

[사진 출처: 〈디지털타임스〉 박동욱 기자, '레페리(Leferi)' 유튜브 채널 및 홈페이지 갈무리]

화장법도 모르던 방구석 블로거의 아이디어로 출발한 레페리는, 뷰티 크리에이터를 육성하고 빅데이터 기반의 디지털 마케팅을 구축하며, 나아가 직접 브랜드와 제품을 만들고 유통하는 기업으로 성장했다. 이 모든 과정은 마치 도장 깨기처럼 하나하나 정면으로 부딪쳐 온 시간이었다. 그리고 그 여정의 중심에는 언제나, 함께하는 크리에이터들과 같이 성장하겠다는 철학이 있었다. 레페리가 '지금까지'보다 '앞으로'가 더 기대되는 이유다.

"우리는 감을 믿지 않습니다,
전수 조사를 믿습니다"

이희대 파워 블로거 출신에서 이제는 뷰티 크리에이터들의 생태계를
만든 기업가가 되셨습니다. 처음 창업을 결심했을 때, '영상'
의 시대를 예감하셨나요?

최인석 네, 2013년 당시 저는 스물다섯 살 대학생이었고 파워 블로
거로 활동하고 있었어요. 그런데 해외 트렌드를 살펴보니, 콘
텐츠의 흐름이 텍스트와 사진 중심에서 영상 중심으로 빠르
게 대체되고 있더라고요. 글과 사진 위주인 블로그 시장은 곧
한계에 다다를 것이라 직감했죠. 당시 뷰티 블로거 모임을 운
영하고 있었는데, "이 흐름이 유튜브로 넘어갈 텐데, 우리가
영상 제작을 지원하는 시스템을 만들면 어떨까?"라는 생각에
서 레페리가 시작되었습니다. 처음 5년은 생존을 위한 투쟁
이었지만, '영상은 뜬다'는 확신 하나로 버텼습니다.

이희대 레페리만의 강점으로 항상 '데이터 랩'을 꼽으십니다. 그런데
초창기에는 이 방대한 데이터를 기계가 아니라 사람이 직접
전수 조사로 수집했다고 들었습니다.

최인석 맞습니다. [웃음] 당시에는 유튜브 분석 툴이나 AI가 지금처

럼 정교하지 않았어요. 그래서 무식해 보일지 몰라도 직원들이 하루 종일 유튜브만 보면서 엑셀에 수기로 기록했습니다. 단순히 "언급했다"가 아니라, "이 유튜버가 A 제품을 썼는데, 좋다고 했나? 아쉽다고 했나? 다른 제품과 비교해서 썼나?" 같은 감정의 뉘앙스까지 다 체크한 거죠. 그렇게 쌓인 데이터의 정확도가 99%였습니다. 카카오나 아모레퍼시픽 같은 대기업 미팅을 가서 "우리는 대한민국 뷰티 유튜버의 모든 데이터를 가지고 있다. 단순히 조회 수 높은 유튜버가 아니라, 당신의 브랜드를 진짜 사랑하는 유튜버를 찾아주겠다"라며 이 엑셀 표를 보여주니, 그제야 저희를 파트너로 인정해 주더군요.

이희대 데이터를 기반으로 크리에이터와 함께 제품을 직접 개발하기도 하셨죠. 기억에 남는 성공 사례가 있나요?

최인석 '패드' 제품이 기억나네요. 당시 유튜브 영상을 전수 조사해 보니 유튜버들이 '닦토(닦아내는 토너)'[32]를 많이 하는데, 매번 화장솜에 토너를 묻히는 걸 귀찮아한다는 데이터가 나왔어요. 또 기존 마스크팩은 너무 무겁고 부담스럽다는 의견도 많았고요. 그래서 이 둘의 장점을 합쳐서 '미리 토너가 적셔진 개별 포장 패드'를 개발했습니다. 소속 크리에이터인 레오제

---

32 닦토(닦아내는 토너): 화장솜에 토너를 적셔 피붓결을 따라 부드럽게 화장이나 노폐물을 닦아내는 스킨케어 방법을 말한다.

이 님과 함께 기획했는데, 이게 소위 '대박'이 났습니다. 올리브영과 세포라에도 입점했고요. 크리에이터들의 불만과 니즈를 분석한 데이터에 감感을 결합해 제품화하면서 성공한 대표적인 케이스였죠.

이희대 라이브 커머스 시장도 커지고 있습니다. 레페리가 지향하는 커머스의 방향은 '홈쇼핑'과는 다르다고요?

최인석 네, 저희는 '소통형 커머스'를 지향합니다. 중국의 '위챗' 모델에서 영감을 많이 받았는데요. 중국의 '왕홍网红, Wǎnghóng'[33]들은 방송을 켜고 물건을 팔기 전에 메신저로 팬들과 수만 가지 대화를 나눕니다. "언니, 저 쿨톤인데 이 립스틱 어울릴까요?" 같은 질문에 답변해 주고요. 저희도 마찬가지입니다. 갑자기 "이거 좋으니 사세요"라고 밀어붙이는 게 아니라, 평소에 크리에이터가 카톡이나 댓글로 구독자의 고민을 들어주고 해소해 주는 과정에서 자연스럽게 구매가 일어나는 방식이죠. 물건을 파는 게 아니라, 관계와 신뢰를 파는 겁니다. 그래야 반품률도 낮고 팬덤도 유지됩니다.

이희대 뷰티 크리에이터를 꿈꾸는 지망생들이 많습니다. 레페리 아

---

33 왕홍(网红, Wǎnghóng): 중국어로 인터넷에서 유명해진 사람을 뜻하며, 한국의 인플루언서와 유사하지만 생방송을 통한 판매·홍보가 핵심이다.

카데미에서 신인을 선발할 때 특별히 보는 기준이 있나요?

최인석 의외로 들리시겠지만, 저희는 유튜브를 아예 안 해본, '백지 상태'인 분들을 더 선호하는 경향이 있습니다. 이미 채널을 운영하고 계신 분들은 본인만의 고집이나 예술혼(?)이 있어서, 저희의 체계적인 교육이나 데이터 기반의 조언을 받아들이기 힘들어하는 경우가 종종 있어요. 오히려 카메라를 켜는 법도 모르는 분들이 스펀지처럼 빨리 배웁니다. 창작은 예술의 영역이지만, 채널 성장은 과학이자 훈련의 영역이니까요.

이희대 많은 크리에이터들이 수치에 민감하다 보니 '슬럼프'를 겪기도 합니다. 대표님만의 멘털 케어 노하우가 있다면요?

최인석 저는 슬럼프에 빠진 크리에이터를 만나면 꼭 높은 층의 창가 자리로 데려갑니다. 그리고 창밖을 보여주며 말해요. "저기 지나가는 사람들이 보이냐. 당신은 구독자가 10만 명뿐이라며 적다고 하지만, 저기 보이는 사람들보다 훨씬 많은 숫자가 당신을 보고 있다. 옛날 고구려 시대라면 10만 대군은 나라를 정복할 수 있는 숫자다." 숫자에 매몰되면 불행해집니다. 그 숫자 뒤에 있는 '사람'을 실감하게 해 주는 게 제 역할입니다. 너는 숫자를 위해 사는 게 아니라, 너의 꿈을 위해 사는 것이고 구독자는 그 꿈을 함께해 주는 친구들이라고 이야기해 주죠.

김선민, YES24 미디어콘텐츠팀장

책을 파는 곳에서, 책 읽는 시간을 선물하는 곳으로

"물류의 속도가 아닌, 문화의 밀도로 경쟁한다"
플레이리스트로 '독서의 분위기'를 설계하고, 예능으로 '질문'을 던지다
조회 수라는 숫자보다 '신뢰'라는 관계로 챕터를 쌓아가는 느린 영상의 미학

동네 서점의 간판 불이 하나둘 꺼지는 사이, 손바닥 위 스크린의 영상은 밤낮을 모르고 돌아간다. 자극적인 15초의 숏폼과 15분의 영상들이 시선을 빼앗는 시대, 활자를 읽는 기쁨은 설 자리를 잃은 듯 보인다. '책을 안 읽는 시대'라는 자조 섞인 말은 이제 뉴스거리조차 되지 않는다. 그런데 이 거대한 영상의 파도 속에서 역설적으로 "책을 읽자"고, 아니 "책을 읽는 시간은 이렇게나 근사하다"고 영상 언어로 말을 거는 사람들이 있다. 바로 온라인 서점 YES24의 미디어콘텐츠팀이다. 이들은 유튜브라는 타인의 경기장에서, 브랜

드의 노골적인 확성기 대신 독자가 보고 싶어 하는 이야기로 출판 마케팅의 규칙을 다시 쓰고 있다.

사실 온라인 서점 업계의 경쟁은 '속도전'이 된 지 오래다. 당일 배송을 넘어 새벽 배송, 로켓 배송이 일상이 된 시대에 '누가 더 빨리 책을 가져다주는가'는 더 이상 차별화된 경쟁력이 되기 어렵다. 거대 유통 공룡들이 물류 시스템을 앞세워 도서 시장까지 넘보는 상황에서, YES24 미디어콘텐츠팀을 이끄는 김선민 팀장은 경쟁의 좌표를 '물류'가 아닌 '문화'로 옮겨 찍었다.

"시스템과 자본으로는 거대 유통사를 이길 수 없을지 모릅니다. 하지만 우리가 오랫동안 쌓아온 '책에 대한 이해'와 '독서 문화'는 그들이 쉽게 복제할 수 없는 영역입니다."

김선민 팀장은 책을 단순히 빨리 배송해야 할 상품Product이 아니라, 향유해야 할 문화Culture로 정의하고, 그 문화를 소비할 수 있는 무대로 유튜브를 선택했다.

이들이 깬 첫 번째 규칙은 '목적의 전환'이다. 보통의 커머스 기업 채널은 '구매 전환'을 최우선으로 삼는다. 영상 하단에 구매 링크를 달고, "지금 사면 할인!"을 외치는 것이 상식이다. 하지만 YES24 유튜브 채널의 최장수 효자 콘텐츠는 책 소개가 아닌 '플레이리스트Playlist'다. '가을 날씨에 책 읽을 때 듣기 좋은 음악', '새벽 감성 독서용 음악'처럼 책을 읽는 상황에 맞는 배경음악을 1시간이고 2시간이고 틀어준다. 영상은 말을 아끼고, 감각적인 이미지와 리듬만 흐른다.

사내에서는 처음에 의아해하는 분위기였다고 한다. "우리 책 팔아야 하는데, 책도 안 보여주고 음악만 트는 게 무슨 도움이 되느냐"라는 시선이었다. 하지만 김선민 팀장은 확신했다. 책이 안 팔리는 이유는 책이 비싸서가 아니라, '책 읽을 시간과 분위기'가 없기 때문이다. 플레이리스트는 "지금 당장 이 책을 사세요"가 아니라, "지금 이 시간에 책을 읽읍시다"라는 제안이었다. 결과는 적중했다. 구독자들은 음악을 들으러 왔다가 자연스럽게 책을 펼치기 시작했고, 댓글 창에는 "이 채널의 감성이 좋아서 앞으론 책을 여기서만 사겠다"라는 '찐팬'들의 고백이 이어졌다. 상품을 팔기 전에 상품을 소비할 수 있는 '문화적 정취'를 먼저 선물하는 전략, 이것이 YES24가 유튜브에서 생존한 방식이다.

두 번째 규칙 파괴는 '속도에 대한 저항'과 '진정성'이다. 유튜브는 1분 1초가 급한 전장이다. 하지만 YES24 유튜브 채널의 오리지널 콘텐츠인 '서탐대실(본격 책 탐사 프로젝트)'이나 '24CM'은 질문의 깊이를 잃지 않으려 애쓴다. JTBC 디지털 스튜디오 출신인 김선민 팀장은 전 직장에서의 경험을 살려, 책을 소재로 하되 책 냄새가 너무 나지 않는, 그러면서도 책의 본질을 놓치지 않는 예능형 콘텐츠를 기획했다. "요즘 누가 책을 끝까지 다 읽음?" 같은 도발적인 질문을 던지거나, 작가의 내밀한 이야기를 듣기 위해 카메라를 오래 켜둔다.

특히, 책 속 등장인물을 가상으로 캐스팅해 보는 '소캐팅(소설 캐스팅)'이나, 셀럽들이 좋아하는 책을 소개하는 'YES meets' 같은 콘텐츠는 단순히 책의 줄거리를 요약해 주는 '스포일러'가 되기를 거부한다. 대신 독자가 스스로 상상하고, 질문하고, 대화하게 만든다. 이는 "유튜브 문법을 따르되, 책의 문장을 잃지 않겠다"라는 고집스러운 태도다. 김선민 팀장은 이를 위해 외부 제작사에 외주를 맡기는 쉬운 길 대신, 팀원들이 직접 기획하고 촬영하고 편집하는 '인하우스In-house' 방식을 택했다. 책을 진심으로 좋아하는 사람들만이 만들어 낼 수 있는 미묘한 결을 지키기 위해서다.

물론 기업 채널로서의 한계와 고민도 여전하다. 회사는 투입된 비용 이상의 성과를 원하고, 조회 수와 구독자 수는 매일매일 성적표처럼 날아든다. "우리 돈 들여서 만드는데 왜 우리 하고 싶은 얘기(홍보)는 안 하냐"라는 내부의 목소리를 설득하는 것은 김선민 팀장의 또 다른 주 업무다. 김 팀장은 그때마다 "기업이 하고 싶은 말이 아니라, 소비자가 듣고 싶은 말을 해야 결국 기업의 팬이 된다"라는 원칙을 고수한다.

김선민 팀장은 지금의 YES24 유튜브 채널을 한 권의 책에 비유하자면 '아직 본문을 시작하지 못했고, 이제 막 목차를 쓰고 있는 단계'라고 진단한다. 보통의 기업이라면 성과를 부풀리기 바쁠 테지만, 김 팀장은 과장 대신 정확한 진단을, 속도 대신 순서를 택했다. 이 담담한 고백 속에는 조회 수의 등락에 일희일비하지 않고, 독자와의 관계를 차곡차곡 쌓아 올리겠다는 단단한 직업 윤리가 담겨 있다.

숫자는 플랫폼의 성과를 설명하는 가장 단순한 언어다. 하지만 YES24 미디어콘텐츠팀의 시간은 그보다 깊고 단단하다. 그들은 유통 플랫폼의 가속화와 숏폼의 홍수 속에서도 묻고 또 확인한다. "우리가 책임질 수 있는 방식으로 이야기하고 있는가?" 화면을 닫은 뒤에도 마음에 남는 문장 한 줄을 위해, 그들은 오늘도 책을 영상으로 번역하며 서점의 새로운 문법을 써 내려가고 있다.

[사진 출처: 〈디지털타임스〉 박동욱 기자, 'YES24' 유튜브 채널 갈무리]

책 속 등장인물을 가상으로 캐스팅해 보는 '소캐팅(소설 캐스팅)'과 같은 발랄한 콘텐츠도 있지만 YES24 유튜브 채널의 최장수이자 구독자 '최애' 포맷은 바로 '플레이리스트'다. 책 읽을 때 들으면 좋을 것 같은 음악을 모아 놓은 이 시리즈는 책 소개보다는 책 읽는 문화를 유튜브로 공유하겠다는 YES24의 자세를 엿볼 수 있는 사례다. 접해본 적 없는 사람은 있겠지만 한 번이라도 들어본 독자라면 빠져나오기 어려운, 정말 책 읽기에 좋은 콘텐츠라 계절 불문 필자도 강력 추천한다.

"경쟁자는 다른 서점이 아니라,
책을 덮게 만드는 모든 것"

이희대 서점 업계도 경쟁이 치열합니다. 특히 '로켓 배송'을 앞세운 쿠팡 같은 거대 유통 기업이 도서 시장까지 넘보고 있는데, 이런 환경 변화를 어떻게 체감하시나요?

김선민 사실 가장 경계하는 대상이기도 하죠. [웃음] 하지만 물류나 배송 시스템 같은 메커니즘으로는 그 거대 자본을 따라가기 힘든 게 사실입니다. 그래서 저희는 경쟁의 좌표를 '물류'가 아니라 '문화'에 찍습니다. 단순히 책을 빨리 배달해 주는 곳이 아니라, 오랫동안 쌓아온 출판계에 대한 이해와 히스토리를 바탕으로 '책 읽는 문화를 만드는 회사'라는 점을 차별화 포인트로 삼고 있습니다. 유튜브 채널도 그 일환이고요. 책을 '사는 곳'이 아니라 '이야기하는 곳'으로 만드는 것이 저희의 생존 전략입니다.

이희대 기업 채널이다 보니 '하고 싶은 얘기(홍보)'와 '듣고 싶은 얘기(재미)' 사이의 균형을 맞추기가 쉽지 않았을 것 같습니다. 사내 설득 과정은 어땠나요?

김선민 정말 어려웠죠. [웃음] 회사 입장에서는 돈 들여서 콘텐츠를 만드는데, 왜 우리 브랜드 로고를 크게 안 박느냐, 왜 책 사라는 얘기를 안 하느냐고 하실 수 있거든요. 특히 '플레이리스트' 같은 경우 처음엔 "책도 안 보여주고 음악만 트는데 이게 무슨 도움이 되냐"라는 시선도 있었어요. 하지만 댓글을 보여드렸어요. "이 채널의 감성이 너무 좋아서 앞으론 책을 여기서만 사겠다"라는 찐팬들의 반응을요. 결국 브랜드가 스며드는 '고급 마케팅'이 통한다는 걸 데이터로 증명하니, 이제는 경영진도 믿고 맡겨주시는 분위기입니다.

이희대 '서탐대실'이나 '소캐팅' 같은 기획은 기존의 책 소개 영상과는 문법이 많이 다릅니다. 어떻게 기획하게 된 건가요?

김선민 '서탐대실'은 제가 예전에 몸담았던 JTBC의 디지털 스튜디오 룰루랄라SLL와 협업한 프로젝트였어요. 책과 관련된 아주 사소한 궁금증, 예를 들어 "가름끈은 왜 달려 있을까?", "띠지는 꼭 있어야 하나?" 같은 마이너한 주제를 집요하게 파고드는 형식이었죠. '소캐팅'은 유튜버 밍찌 님과 함께 소설 속 인물을 가상 캐스팅해 보는 콘텐츠인데, 리뷰 중심이 아니라 독자들이 댓글로 참여해서 놀 수 있는 '판'을 깔아주는 데 집중했습니다. 책 내용을 요약해 주는 게 아니라, 책을 소재로 수다를 떨 수 있게 만드는 것, 그게 저희 기획의 핵심입니다.

이희대 콘텐츠 제작은 외주를 주나요, 아니면 직접 만드나요? 퀄리티가 상당해서 전문 제작사의 손길이 느껴지는데요.

김선민 놀라시겠지만 거의 다 인하우스(자체 제작)입니다. 저희 팀 PD님들이 기획부터 촬영, 편집까지 직접 다 해요. 외주를 주면 편하긴 하겠지만, 저희가 추구하는 '책을 좋아하는 마음'이나 미묘한 톤 앤 매너를 100% 구현하기 어렵거든요. 저희 팀원들은 기본적으로 책을 진심으로 좋아하는 사람들입니다. 그래서 힘든 제작 환경에서도 "이 좋은 책을 어떻게든 알리고 싶다"라는 직업적 소명 의식을 가지고 임해주고 있어요. 그 진정성이 영상 퀄리티로 나타나는 것 같습니다.

이희대 인터뷰하셨던 분 중 가장 기억에 남는 분이 있다면요?

김선민 배우 박정민 씨가 기억에 남습니다. 그분은 단순히 유명해서가 아니라, 본인의 영향력을 어떻게 하면 책을 알리는 데 쓸 수 있을지를 정말 영리하고 진지하게 고민하는 분이었어요. 본인의 책과 관련된 전시를 준비하려고 직접 비행기를 타고 일본 나고야까지 가서 특정 작가의 작품을 공수해 왔다는 이야기를 듣고, '아, 이분은 허투루 하는 게 하나도 없구나'라며 감탄했던 기억이 납니다.

이희대 요즘 다른 출판사나 기업 채널을 보면 직원들이 직접 크리에이터로 나서서 팬덤을 만드는 경우 Employencer(임플로이언서)가 많습니다. YES24는 그런 계획이 없나요?

김선민 물론 '민음사TV'처럼 직원들이 나와서 사랑받는 채널들이 부럽기도 하죠. 하지만 저희 팀원들은 대부분 내향적인 'I' 성향이라 출연을 부끄러워합니다. [웃음] 그리고 저희 채널의 주 타깃은 2535 세대이고, 이분들은 조금 더 전문적이고 차분한 정보를 원하시는 경향이 있어요. 억지로 직원을 등 떠밀어 캐릭터를 만들기보다는, 저희가 잘할 수 있는 기획과 섭외로, 그리고 책 자체가 주인공이 되는 방식으로 승부를 걸려고 합니다.

이희대 '아직 목차를 쓰는 단계'라고 하셨는데, 앞으로 본문에는 어떤 내용을 담고 싶으신가요? 채널의 미래 계획이 궁금합니다.

김선민 장기적으로는 채널을 더 세분화하고 싶어요. 지금은 한 채널에 플레이리스트, 웹 예능, 저자 인터뷰가 다 섞여 있어서 종합 편성 채널 같거든요. 이걸 '책 읽는 분위기를 위한 채널(플레이리스트)', '도서 정보를 주는 채널', '예능 채널' 등으로 분리해서 타깃 맞춤형으로 운영해 보고 싶은 욕심이 있습니다. 물론 회사 허락을 받아야겠지만요. [웃음] 책과 영상, 유통과 문화 사이의 간극을 메우는 작업을 계속해 나갈 생각입니다.

20장

정찬용, SOOP 前 대표

시청료도, 광고료도 아니다.
우리는 '선물'로 경제를 만들었다

방송 권력을 해체하고, 모두가 주인공인 1인 미디어 시대를 열다

기부(Donation)가 아닌 선물(Gift), 자본주의의 문법을 뒤집은 '별풍선' 경제

"BJ가 제1 고객이다", 1인 미디어의 표준을 세운 파괴적 혁신

불과 20년 전까지만 해도 TV에 얼굴을 비추는 일은 많은 이에게 그저 먼 꿈에 불과했다. 미디어는 오랫동안 거대 자본과 소수 전문가가 장악한 영역이었고, 그 안으로 들어가는 일은 좀처럼 쉽게 허락되지 않았다. 방송국이 선택한 사람만이 전파를 탈 수 있었고, 시청자는 정해진 편성표를 묵묵히 따라야 했다. 이 견고했던 미디어의 규칙에 균열을 내고, 누구나 자신의 방에서 방송의 주인공이 될 수 있는 세상을 연 기업이 있다. 바로 '아프리카TV(현 SOOP)'다. 그리고 그 변화의 최전선에서 '보는 방송'을 넘어 '참여하는 방송'이라

는 새로운 생태계를 설계하고 지휘해 온 인물이 바로 정찬용 전 대표이다.

아프리카TV_{AFREECA TV}는 'Anybody can Freely Broadcast TV'의 약자라고 알려져 있다. '누구나 어디서든 자유롭게 방송할 수 있는 세상'을 만들겠다는 선언 같은 이름이다. 2011년, 그가 이 배에 승선했을 때만 해도 1인 미디어는 주류 미디어의 변방에 머물러 있었다. 하지만 그는 확신했다. 미디어의 권력은 게이트키핑_{Gatekeeping}을 하는 소수의 편집자가 아니라, 직접 참여하고 소통하기를 원하는 대중에게로 이동할 것이라고. 그는 이 흐름을 단순한 유행이 아닌, '민주주의적 미디어의 진화'라고 정의했다.

그가 깬 가장 파격적인 규칙은 단연 '수익 모델'이었다. 기존 미디어의 수익은 시청료(수신료), 아니면 광고였다. 하지만 아프리카TV는 '별풍선'이라는 전대미문의 시스템을 도입했다. 시청자가 콘텐츠를 즐기고, 창작자_{BJ}에게 직접 후원하는 방식이다. 도입 초기, 세상은 이를 두고 '사이버 머니'라거나 '이해할 수 없고 기이한 시스템'이라며 평가절하했다. 하지만 당시 정찬용 대표는 이를 '선물 경제_{Gift Economy}'라고 명명했다.

인터뷰 때, 그는 흥미로운 비유를 들었다. 바로 '하차감_{下車感}'이다. 승차감이 자동차를 탈 때 느끼는 편안함이라면, 하차감은 차에서 내릴 때 주변 사람들이 보내는 시선에서 느끼는 만족감을 뜻한다. 그는 별풍선 역시 온라인 커뮤니티 내에서의 '하차감'과 유사한 사회적 상호작용이라고 설명했다. 팬이 창작자에게 선물을 보내는 행위는 단순한 적선이나 기부가 아니다. "나도 이 커뮤니티의 일원이며, 당신의 콘텐츠를 지지한다"라는 것을 구성원들에게 증명하고 인정받는 '관계 맺기'의 수단이라는 것이다.

이 혁신적인 모델은 자본주의 시장의 기존 문법으로는 설명되지 않는 '현상'을 촉발했다. 하지만 결과적으로 이 '선물 경제'는 BJ들이 생계를 걱정하지 않고 전업 크리에이터로 활동할 수 있게 만든 토양이 되었고, 아프리카TV를 연 매출 수천억 원의 거대 플랫폼으로 성장시킨 엔진이 되었다. 심지어 이 모델은 하나의 사례로 연구되어 미국의 경영학 교과서에 실리고, 유튜브의 '슈퍼챗Super Chat'과 트위치의 '비트Bits' 등 글로벌 플랫폼이 벤치마킹하는 '세계 표준'이 되었다. 한국의 토종 플랫폼이 전 세계 1인 미디어 수익 모델의 원형을 제시한 셈이다.

정찬용 대표가 고수한 또 하나의 원칙은 "플랫폼의 제1 고객은 시청자가 아니라 BJ"라는 것이다. 보통의 플랫폼 기업이 최종 소비자인 유저를 최우선으로 둘 때, 그는 콘텐츠를 생산하는 창작자를 가장 귀하게 여겼다. 회사가 거액을 들여 프로야구나 올림픽 중계권, 음악 저작권을 사들이는 이유도 시청자에게 직접 보여주기 위함이 아니다. BJ들이 저작권 걱정 없이 그 영상을 재가공해서 마음껏 방송할 수 있도록 '소재'를 제공하기 위함이다. BJ가 신나게 놀 수 있는 판을 깔아주면, 유저는 자연스럽게 따라온다는 그의 철학은 적중했다.

그는 2011년 당시 약 5천 원이었던 주가를 10년 만에 10배 이상 끌어올리며 '시가총액 1조 클럽'을 달성하는 기염을 토했다. 게임 방송에 국한되었던 1인 미디어의 영역을 먹방, 뷰티, 교육, 스포츠로 무한 확장시켰다. 그는 늘 '아프리카TV는 방송국이 아니라, 방송을 할 수 있는 기술과 기회를 제공하는 곳'이라고 말한다. 그의 지휘 아래 방구석의 게이머는 스타가 되었고, 평범한 주부는 인기 BJ가 되었다.

이제 아프리카TV는 'SOOP'이라는 새로운 이름으로, 숲처럼 더 거대하고 다양한 생태계를 꿈꾼다. 하지만 이름이 바뀌어도 변하지 않는 사실이 있다. 정찬용 전 대표가 설계한 '참여'와 '공유', 그리고 '선물'이라는 규칙 위에서, 대한민국 1인 미디어의 역사가 쓰였다는 점이다. 그는 미디어의 소비자를 생산자로, 구경꾼을 주인공으로 바꾼, 이 시대 진정한 '규칙 파괴자'다.

SOOP은 국내 1인 미디어를 선도하는 대표적인 플랫폼이다. SOOP의 '별풍선'이라는 시스템은 시청자가 BJ에게 호의를 표하는 후원 수단이자 독창적인 '선물 경제' 모델이다. 트위치Twitch, 틱톡부터 유튜브까지 세계 유수의 플랫폼들이 이 시스템을 벤치마킹했으며, 2020년에는 그 가치를 인정받아 세계 3대 비즈니스 사례집인 『아이비 퍼블리싱 사례집Ivey Publishing Cases』에 관련 논문이 등재되기도 했다.

"유튜브는 '아카이브', 우리는 '라이브'…, 경쟁 대신 독자적 '생태계'를 구축했죠"

이희대 글로벌 공룡인 유튜브, 트위치(현재 국내에서 철수)와의 경쟁 속에서도 독자적인 생태계를 굳건히 지켜냈습니다. 특히 2016년경에는 위기론도 있었는데, 흔들리지 않았던 비결이 무엇일까요?

정찬용 저희는 그들과 '정면 경쟁'한다고 생각하지 않았습니다. 유튜브가 영상을 저장해 두고 보는 '아카이브Archive'의 성격이 강하다면, 우리는 실시간으로 소통하는 '라이브Live'이자 '광장'입니다. 속성이 완전히 다릅니다. 남들이 플랫폼의 트래픽 경쟁을 할 때, 저희는 '생태계'를 직접 만드는 데 집중했습니다. 단순히 플랫폼만 열어두는 게 아니라, e스포츠 리그를 직접 기획·제작하고, BJ들이 방송할 수 있는 스튜디오를 지어주고, 그들이 성장할 수 있도록 매니지먼트까지 지원했죠.

이희대 플랫폼이 직접 리그를 만들고 투자를 한다는 게 쉬운 결정은 아니었을 텐데요.

정찬용 맞습니다. e스포츠에만 3~4년 동안 수백억 원을 투자했습니다. 하지만 그 덕분에 은퇴한 프로게이머들이 우리 플랫폼에서 BJ로 활동하며 제2의 전성기를 맞이하는 선순환 구조가 만들어졌습니다. '우리의 주인은 유저가 아니라 BJ'라는 확고한 철학을 가지고 그들에게 재투자했기 때문에, 그들이 떠나지 않고 우리 곁에 남아준 것이죠. 대체할 수 없는 우리만의 콘텐츠와 생태계를 갖추는 것, 그게 생존 전략이었습니다.

이희대 '별풍선' 모델은 초기에 많은 논란이 있었지만, 결국 전 세계가 따라 하는 비즈니스 모델이 되었습니다. '기부'가 아니라 '선물'이라고 표현하시는 특별한 이유가 있나요?

정찬용 기부Donation는 보통 나보다 어려운 사람을 돕는다는 시혜적 의미가 강하잖아요. 하지만 별풍선은 다릅니다. 시청자가 BJ의 콘텐츠를 즐기고, 그 즐거움에 대한 대가이자 응원의 마음을 표하는 행위입니다. 팬과 스타가 서로 감정을 교류하는 '상호작용'의 결과물이죠. 그래서 저는 이것이 일방적인 기부가 아니라, 서로 주고받는 '선물Gift'의 문화라고 정의했습니다. 실제로 학문적으로도 이 모델이 '선물 경제'의 성공 사례로 연구되고 있기도 하고요.

이희대 지금의 SOOP으로 거듭나기까지 1인 미디어의 사관학교 역할을 해왔다고 해도 과언이 아닙니다. 그 성장의 중심에 계셨는데, 인재 영입 시 가장 중요하게 고려하셨던 '인재상'은 무엇입니까?

정찬용 저는 딱 두 가지를 봅니다. 첫째는 '사고력思考力'입니다. 단순히 스펙이 좋거나 지식이 많은 게 아니라, 어떤 현상에 대해 '자기 머리로 생각해서 나온 의견'이 있는가를 봐요. 남들이 요약해 준 뉴스나 유튜브 영상을 보고 아는 체하는 게 아니라, 근본적인 원인이 무엇인지 깊게 고민해 본 흔적이 있는 친구들이 일도 잘합니다. 둘째는 '주역主役 의식'입니다. 내가 이 회사의 부속품이 아니라, 내가 맡은 일의 주인이라는 태도죠.

이희대 마지막으로, BJ를 꿈꾸는 사람들이 정말 많습니다. 플랫폼 설계자로서 그들에게 꼭 해주고 싶은 조언이 있다면요?

정찬용 명확히 해두고 싶은 게 있습니다. "돈 벌기 위한 목적으로 시작하지 말라"는 겁니다. 돈을 목적으로 하면 불행해질 확률이 매우 높습니다. 1인 미디어는 자기만족이 우선이어야 합니다. 내가 좋아하는 게임을 하고, 내 이야기를 들어주는 사람이 있다는 것 자체에서 행복을 느껴야 오래갈 수 있습니다. 돈은 그 결과로 따라오는 '보너스'라고 생각해야지, 목적이 되면 멘털이 무너집니다. 플랫폼은 여러분에게 '성공'을 보장하는 곳이 아니라, 세상과 소통할 수 있는 '기회'를 제공하는 곳이라는 점을 기억해 주셨으면 합니다.

생태계를 만든 사람들

혼자서는 '점'에 불과하지만, 이들이 연결되면 '선'이 되고 '면'이 되어 비로소 하나의 산업이 된다. 단순한 콘텐츠 제작을 넘어, 크리에이터·인플루언서들이 활동할 수 있는 물리적 거점을 짓거나, 국경과 플랫폼의 경계를 지워버리며 새로운 비즈니스 규칙을 만든 이들이 여기에 있다.

박균택, 1인 미디어 콤플렉스 센터장

크리에이터를 위한 '비빌 언덕'을 설계하다

모든 산업에는 베이스캠프가 필요하다. 박균택 센터장은 1인 미디어가 단순한 취미 생활을 넘어 하나의 '직업'이자 '산업'으로 자리 잡기 위해서는 체계적인 지원 시스템이 필요하다고 믿었다. 그는 서울역 인근과 마곡동 등에 '1인 미디어 콤플렉스'라는 공간을 조성하여, 창작자들이 고가의 장비나 스튜디오 걱정 없이 콘텐츠에만 집중할 수 있는 환경을 만들었다. 그가 깬 규칙은 '지원의 방식'이다. 단순히 공간만 빌려주는 것이 아니라, 세무·법률 멘토링부터 해외 진출 지원까지 크리에이터를 '1인 기업'으로 대우하며 인큐베이팅했다. 그는 "1인 미디어는 시청자와 호흡하는 양방향 생태계이기에, 초기부터 비즈니스 모델을 고민해야 롱런할 수 있다"라고 강조한다. 그의 노력 덕분에, 방구석 창작자들은 이제 어엿한 스타트업 대표가 되어 도시의 랜드마크로 모여들고 있다.

기자의 문법을 버리고, 크리에이터의 언어를 입다

언론사 공채 기자로 입사했지만, 최서영 기자는 딱딱한 정장과 마이크를 내려놓았다. 대신 운동화에 청바지를 입고, 어려운 자동차 용어를 친구에게 설명하듯 풀어내는 '크리에이터형 기자'가 되었다. 그녀는 기존 뉴스가 가진 엄숙주의와 일방통행식 정보 전달의 규칙을 깼다. 기사Article를 낭독한 것이 아니라, 경험Experience을 공유한 것이다. 단순히 스펙을 나열하고 외관만 보여주는 방식에서 벗어나, 직접 자동차 트렁크에 몸을 싣는 수고를 마다하지 않으며 실질적인 정보를 담아냈다. 이는 레거시 미디어(언론사)가 뉴미디어 플랫폼에서 살아남기 위해 어떻게 변해야 하는지를 보여주는 시도였다. 그녀는 기자가 '가르치는 사람'이 아니라 '함께 놀며 정보를 공유하는 사람'이 될 때, 비로소 시청자는 구독자가 된다는 사실을 증명했다. 이제, 그녀는 언론사를 나와 자신의 자동차 전문 유튜브 채널 '차봤서영'을 운영 중이다.

한국인이 인도네시아의 톱스타가 되다

K-팝이나 K-드라마가 뜨기 전부터, 유튜브라는 뗏목을 타고 국경을 넘은 크리에이터가 있다. 인도네시아에서 활동하는 한유라다. 그녀는 한국을 알리는 콘텐츠를 만들되, 철저하게 '현지인의 눈높이와 언어'로 소통했다. 그녀가 깬 규칙은 '국경과 언어의 장벽'이다. 한국인이 한국어

로 한국 사람에게만 말해야 한다는 고정관념을 버리고, 전 세계 4위 인구 대국인 인도네시아 시장을 직접 겨냥했다. 그 결과 그녀는 현지에서 책을 출간하고 영화와 시트콤에 출연하는 '국민 스타'가 되었다. 그녀는 1인 미디어가 단순히 개인의 기록을 넘어, 국가 간의 문화를 잇는 '민간 외교'의 창구이자 거대한 글로벌 비즈니스의 교두보가 될 수 있음을 보여준 '문화 역수출의 아이콘'이다.

최중구, 아이코닉스 부사장

TV 밖으로 나온 뽀통령, 플랫폼의 경계를 지우다

'뽀롱뽀롱 뽀로로', '꼬마버스 타요'. 대한민국 어린이들의 대통령이라 불리는 이 강력한 IP(지식재산권)는 TV라는 울타리에만 머물지 않았다. 아이코닉스는 유튜브가 태동하던 시기부터 과감하게 콘텐츠를 개방했다. 방송국 방영 시간에 맞춰 TV 앞에 앉아야만 볼 수 있었던 기존 미디어의 규칙을 깨고, 언제 어디서나 아이들이 원할 때 볼 수 있는 '온 디맨드 On-Demand' 환경을 선제적으로 구축했다. 최중구 부사장은 "유튜브는 단순한 다시 보기 저장소가 아니라, 전 세계 어린이들과 실시간으로 만나는 가장 거대한 방송국"이라고 정의했다. 그들은 유튜브 데이터를 분석해 국가별 선호 캐릭터를 파악하고, 맞춤형 콘텐츠를 제작하며 K-애니메이션의 영토를 확장했다. 아이코닉스의 사례는 잘 만든 콘텐츠 하나가 플랫폼의 경계를 넘어 어떻게 거대한 글로벌 비즈니스 생태계로 진화하는지를 보여주는 교과서다.

수익의 100% 재투자,
'성장 가속'이라는 새로운 게임의 규칙

"나는 수익을 내는 회사를 운영하는 게 아니다.

성장을 먹고 사는 괴물을 키우고 있다"

일반적으로 비즈니스의 목적은 '이윤 창출'이다. 100원을 벌면 70원을 쓰고 30원을 남기는 것이 상식이다. 하지만 전 세계 구독자 1위 유튜버, 미스터비스트는 이 자본주의의 기본 원칙을 산산이 조각냈다. 그의 규칙은 간단하고도 무모하다.

"100원을 벌면 100원을, 아니 120원을 다음 영상에 쓴다."

그는 초기 시절 하루에 1달러를 벌 때부터 그 돈을 모아 마이크를 샀고, 수익이 늘어날수록 투자 규모를 기하급수적으로 늘렸다. 수십억 원을 들여 넷플릭스 드라마 〈오징어 게임〉 세트장을 현실에 짓고, 람보르기니를 분쇄기에 갈아버린다. 사람들은 묻는다. "도대체 남는 게 뭔가?" 하지만 그에게 돈은 '목적'이 아니라, 더 거대한 '보라색 소Purple Cow'를 만들기 위한 '연료'일 뿐이다.

이 '100% 재투자 플라이휠Flywheel' 전략은 경쟁자들이 감히 따라올 수 없는 거대한 진입 장벽을 만들었다. 2등이 따라오려고 하면, 그는 이미 벌어들인 수익을 몽땅 털어 넣어 저 멀리 달아나 있다. 격차는 좁혀지는 것이 아니라, 시간이 갈수록 우주적으로 벌어진다.

미스터비스트는 말한다.

"최고의 영상은 최고의 자본이 아니라, 최고의 재투자에서 나온다."

그는 '수익'이라는 안전한 항구를 태워버리고, '성장'이라는 거친 바다로 끊임없이 나아가는 탐험가다. 호모 인플루언서에게 돈이란 통장에 쌓아두는 숫자가 아니라, 세상을 놀라게 할 다음 장면을 위한 '가능성의 씨앗'이어야 한다.

세계 최대 크리에이터 축제인 비드콘(VidCon) 현장에 마련된 미스터비스트의 브랜드 이벤트 장치
[사진 출처: Flickr 'Anthony Quintano', CC BY 2.0]

미스터비스트(MrBeast)

호모 인플루언서의 완전체,
운(Luck)을 데이터(Data)로 정복하다

"나는 돈을 버는 사람이 아니다. 돈을 태워서 시간을 사는 사람이다"

크론병을 앓던 소년, 방구석에서 유튜브 알고리즘을 해부하다

시간·자아·관계·무대·규칙, 5가지 도구의 극한을 보여주는 '완전체'

2017년 1월, 유튜브라는 거대한 영상의 바다에 기이한 영상 하나가 떠올랐다. 제목은 직설적이다 못해 건조했다.

"I Counted to 100,000!(나는 10만까지 셌다!)"

1998년생인 미국 청년 지미 도널드슨이 낡은 의자에 앉아 꼬박 약 40시간 동안 숫자만 세는 영상이었다. 아무런 사건도, 화려한 편집도 없는 이 지루하고 미련해 보이는 행동은 역설적으로 사람들의 시선을 강렬하게 붙들었다. "도대체 이걸 왜 끝까지 하는 거지?"라는 호기심과 경외심. 바로 그 순간, 우리가 아는 '미스터비스트'의

신화는 시작되었다.

하지만 이 기행奇行은 우발적인 사건이 아니었다. 그것은 치열한 생존 본능과 데이터 분석이 빚어낸 필연적인 결과였다. 캔자스주에서 태어나 노스캐롤라이나주에서 자란 그의 유년기는 평범하지 않았다. 군인 출신 부모 밑에서 자라며 잦은 이사를 경험했던 그는 스스로를 '강박적인 성격Obsessive Personality'이라고 묘사할 만큼 한 가지에 몰입하는 기질을 가졌다. 결정적인 시련은 15세 때 찾아왔다. 건장한 체격으로 야구와 농구를 즐기던 소년에게 희귀 난치병인 '크론병Crohn's Disease'이 발병한 것이다. 체중이 20kg 넘게 빠지는 고통 속에서 그는 좋아하던 스포츠를 포기해야 했고, 침대에 누워 있는 시간이 많아진 소년에게 유일한 해방구는 '유튜브'였다. 그는 그때부터 영상 제작에 광적으로 몰입하기 시작했다.

2016년 고등학교 졸업 후 어머니의 강권으로 대학에 진학했지만, 그는 강의실에 들어가는 대신 차 안에서 영상을 편집했다. 결국 입학 2주 만에 자퇴를 선언했고, 분노한 어머니에 의해 집에서 쫓겨나는 시련을 겪었다. 퇴로가 차단된 그는 자신처럼 유튜브 성공을 갈망하는 괴짜 친구 4명과 함께 매일 스카이프에 모여 '유튜브 연구 모임'을 결성했다. 그들은 1,000일 동안 하루 15시간씩 유튜브 데이터를 파고들었다. "천만 뷰가 터진 영상은 몇 초 만에 본론으로 들어가는가?", "섬네일의 밝기가 어느 정도일 때 클릭률이 높아지는가?" 그들은 감Feeling의 영역이었던 '재미'를 데이터Data의 영역으로 치환해 냈다. 약 40시간 동안 숫자를 세는 영상은 '유튜브 알고리즘은 끈기와 근성을 보여주는 영상을 좋아할 것'이라는 그들의 가설을 검증하기 위한 처절한 실험이었다.

　오늘날 그는 단순한 유튜버가 아니다. 2026년 2월 기준 구독자 약 4억 6천만 명, 누적 조회 수 1,000억 회를 넘어서며 현실감 없는 숫자를 기록하고 있다. 그는 넷플릭스 드라마 〈오징어 게임〉 세트장을 현실에 지어 456명의 참가자와 상금 45만 6천 달러를 건 실제 게임을 진행하고, 1,000명의 시각장애인에게 개안 수술을 지원해 세상을 선물한다. 나아가 그는 자신의 영향력을 바탕으로 초콜릿 브랜드 '피스터블'을 론칭해 월마트의 매대를 장악하고, 아마존 프라임 비디오와 1억 달러 규모의 쇼 〈비스트 게임즈Beast Games〉를 계약한 거대 미디어 기업 '비스트 인더스트리Beast Industries'의 수장이기도 하다.

　그를 이해하는 가장 중요한 키워드는 '돈'이 아니라 '재투자'다. 그는 최근 인터뷰에서 "나는 지금 현금이 거의 없다(Negative Money Right Now)"라고 고백했다. 수십억 달러에 달하는 가치의 기업을 이끄는 부호가 통장에 돈이 없다는 역설. 이유는 간단하다. 그는 돈이 생기는 족족 다음 콘텐츠와 사업에 몽땅 쏟아붓기 때문이다. 그는 수익을 남기는 회사를 운영하는 것이 아니라, 돈을 연료로 태워 전 세계인의 '시간Attention'을 사들이는 거대한 용광로를 돌리고 있는 셈이다. 유튜브는 그의 거대한 전광판이고, 실제 현금은 초콜릿과 햄버거, 그리고 각종 파생 비즈니스에서 나온다. 물론 그 과정에서 '미스터비스트 버거'의 품질 논란이나 〈비스트 게임즈〉 촬영 현장의 안전 문제 등 성장통을 겪기도 했지만, 그는 멈추지 않고 시스템을 보완하며 전진하고 있다.

우리가 앞선 20개의 장에서 만난 한국의 '호모 인플루언서'들이 각자의 위치에서 고군분투하며 영향력을 만들어가는 진화적 형태 Evolving Form에 있다면, 미스터비스트는 이 모든 요소가 하나의 거대한 시스템으로 통합되었을 때 어떤 폭발력을 가질 수 있는지를 보여주는 '완전체Complete Form'에 가깝다. 그는 앞서 우리가 탐구한 '영향력을 설계하는 다섯 가지 도구'를 극한까지 밀어붙여 결과로 증명해 낸 인물이다.

첫 번째,
시간(Time)의 설계―1초를 쪼개는 데이터 공학

우리가 만난 인플루언서들이 시간을 밀도 있게 쪼개어 썼다면, 미스터비스트는 그 쪼개진 시간을 '공학'의 영역으로 끌어올려 설계했다. 그는 무명 시절 친구들과 매일 15시간씩 스카이프에 모여 "천만 뷰 영상은 몇 초 만에 본론으로 들어가는가?"를 연구했다. 그 결과 그는 영상 시작 0.1초의 망설임도 허용하지 않는다. "오늘은 람보르기니를 분쇄기에 갈아버리겠습니다!"라며 결론부터 던진다. 이는 시청자의 시간을 낭비하지 않겠다는 선언이자, 그들의 시간을 1초도 놓치지 않고 점유하겠다는 데이터 기반의 '활성화Activation' 전략이다. 그는 시간을 의미 없이 흘려보내지 않고 철저하게 계산된 밀도로 채워 넣는다.

자아(Self)의 확장—'지미'에서 '비스트 인더스트리'로

그는 '지미'라는 병약했던 개인에 머무르지 않고, '미스터비스트'라는 페르소나를 전 우주적인 브랜드로 확장했다. 그는 자신의 이름이 붙은 피스터블 초콜릿을 팔아 연간 수억 달러의 매출을 올리지만, 사람들은 그것을 단순한 과자가 아니라 '미스터비스트의 경험'으로서 소비한다. 그는 개인의 자아를 넘어 50명 이상의 직원이 일하는 '비스트 인더스트리Beast Industries'라는 기업 시스템을 구축해 자신이 없어도 돌아가는 제국을 설계했다.

세 번째,

관계(Relationship)의 재정의—감정이 아닌 '산식'으로 맺는 연대

미스터비스트는 선행마저도 시스템화했다. 그는 '1달러 = 나무 1그루'(#TeamTrees), '1달러 = 쓰레기 1파운드 수거'(#TeamSeas)처럼 명쾌한 등식을 만들어 복잡한 기부의 장벽을 허물었다. 그는 "좋은 마음만으로는 세상이 바뀌지 않는다. 참여 단위를 단순화해야 한다"라는 철학을 갖고 있다. 이를 통해 그는 구독자를 단순한 시청자가 아닌, 세상을 바꾸는 프로젝트의 '주주'이자 '공범'으로 만들어 강력한 유대 관계를 맺는다.

네 번째,

무대(Stage)의 초월―언어의 장벽을 지운 '글로벌 현지화'

압도적인 무대 구축 능력을 갖춘 그는, 이제 시선을 더 넓은 곳으로 돌렸다. 한국의 인플루언서들이 플랫폼의 문법을 고민할 때, 그는 '전 세계 인구의 90%는 영어를 쓰지 않는다'는 데이터에 주목해 무대를 지구 전체로 넓힌 것이다. 단순히 자막을 다는 것이 아니라, 스페인어, 포르투갈어 등 언어별 채널을 만들고 현지 유명 성우를 고용해 더빙을 입혔다. 최근에는 AI 기술을 활용해 입 모양까지 맞추며 언어라는 최후의 장벽마저 데이터와 기술로 무너뜨렸다. 그는 '유튜브 코리아', '유튜브 재팬' 등 로컬 무대를 넘어, 지구 전체를 하나의 무대로 만들었다.

다섯 번째,

규칙(Rule)의 파괴―이윤 추구가 아닌 '성장 가속'의 플라이휠

가장 충격적인 것은 그의 비즈니스 규칙이다. 자본주의의 기본은 '이윤 남기기'다. 하지만 그는 "번 돈을 전부 다음 영상에 재투자한다"라는 원칙을 고수한다. 그는 수익을 '목적'이 아닌 다음 콘텐츠를 위한 '연료'로 쓴다. 이 '100% 재투자 플라이휠'은 경쟁자들이 감히 따라올 수 없는 격차를 만들었다. 2등이 쫓아오려 할 때, 그는 이미 모든 수익을 쏟아부어 저 멀리 달아나 있다. 그는 "수익을 내는 회사가 아니라, 성장을 먹고 사는 괴물을 키운다"라는 말로 비즈니스의 규칙을 새로 썼다.

이제, 당신은 어떤 영향력을 설계할 것인가?

미스터비스트의 사례는 먼 나라에 사는 한 천재의 이야기로 현실감 없게 들릴지 모른다. 하지만 그 역시 방구석에서 10만까지 숫자를 세는 무모한 영상을 만들고, 실패를 거듭하던 평범한 소년이었다. 그와 우리의 차이는 '도구'를 대하는 태도에 있다. 그는 시간, 자아, 관계, 무대, 규칙이라는 도구를 데이터와 끈기, 그리고 과감한 실행력으로 갈고닦아 자신만의 왕국을 건설했다.

미스터비스트는 분명 호모 인플루언서의 '완전체'다. 하지만 그의 압도적인 스케일과 숫자에 주눅 들 필요는 없다. 우리가 이 책의 첫 장부터 만나온 20여 명의 한국 크리에이터들 역시, 처음에는 미스터비스트처럼 방구석에서, 혹은 낯선 거리에서 아주 작게 시작했기 때문이다. 그들은 특별한 영웅이 아니었다. 다만 자신에게 주어진 도구를 조금 더 예리하게 갈고닦은 '생활인'들이었다.

이 책을 덮기 전, 아직도 "나에게는 특별한 재능이 없다"라며 망설이는 당신을 위해 우리가 만난 이들의 얼굴을 마지막으로 다시 소환해 본다. 그들의 이야기는 당신이 가진 두려움에 대한 가장 명쾌한 대답이 되어줄 것이다.

시간은 무심히 흘려보내는 것이 아니라, 철저히 분석하고 설계하여 유의미한 가치로 빚어내야 하는 것이다. 대생이(변승주)는 자신을 '유튜버'가 아닌 '채널에 영상을 납품하는 외주 제작사 PD'라고 정의하며, 번아웃과 군 복무라는 공백조차 성장의 시간으로 치환해 냈다. 이권복(성장읽기)은 7년 동안 매일 새벽 3시에 일어나 책을 읽고 영상을 올리는 수도승 같은 루틴으로 평범한 독자에서 베스트셀러 작가가 되었다. '장르 없음이 장르'라는 JM(유제민)은 '1일 1 영상'이라는 팬들과의 약속을 지키기 위해 길바닥에 카메라를 세워두고서라도 시간을 기록했고, 주얼리 사업가 다이아언니는 1분 1초가 아까운 CEO의 삶 속에서도 매주 정해진 시간에 카메라 앞에 앉아 고객과의 신뢰라는 탑을 시간의 흐름 속에 쌓아 왔다.

특별함은 발견되는 것이 아니라, 자신을 스스로 정의하는 순간 만들어진다. 이연은 자신의 목소리를 듣는 것조차 부끄러워했지만, 용기 내어 자신의 생각과 그림을 드러냄으로써 수많은 이에게 위로를 건네는 아티스트가 되었다. 김단군은 거창한 계획 대신 "방금 보고 왔습니다"라는 날것 그대로의 솔직함을 무기로 자신만의 리뷰 장르를 개척했다. 빙밍은 가상의 아바타 뒤에 숨는 대신, 그 기술을 통해 현실보다 더 진솔한 '나'를 드러내며 팬들과 교감했고, 캔들스토리TV의 두 친구는 '캔들피그'와 '김화백'이라는 친근한 캐릭터 뒤에서 딱딱한 경제 지식을 편안한 일상어로 바꾸어 놓았다.

관계는 기술이 아니라, 타인을 향한 진심 어린 호기심에서 시작된다. 스맵(송경호)은 승패가 전부였던 프로의 세계를 떠나 팬들의 하루를 위로하는 편안한 친구가 되기를 자처하며 '수직적 우상'에서 '수평적 동반자'로 관계를 다시 썼고, 귀농의 신 안영주는 농산물을 파는 것이 아니라 도시와 농촌을 잇는 '플랜트 허그Plant Hug'라는 따뜻한 공동체를 심었다. 팬들을 '가족'이라 부르며 민낯으로 소통하는 박삐삐는 K리그 현장을 누비며 온라인과 오프라인의 경계 없는 관계를 증명했고, 크리에이티브 덴은 이방인의 시선으로 한국을 바라보며 국적을 넘어 '친구'의 관계를 맺었다.

무대는 주어지는 것이 아니라, 당신이 서 있는 바로 그곳이다. 제이키아웃에게는 낯선 도시의 거리가 곧 사회적 실험을 위한 무대였고, 그는 그곳에서 우리 사회의 선함을 포착해 냈다. 지무비는 자신의 방구석 편집실에서 수백 번 영화를 돌려보며 이미 극장에서 내려간 영화를 '다시 보고 싶은 명작'의 무대에서 재개봉시켰다. 유재룡 PD는 방송국이라는 잘 짜인 시스템이 아닌 유튜브라는 허허벌판 위에 전문가들이 마음껏 뛰어놀 수 있는 고품격 지식 예능의 무대를 지었고, 킥서비스는 〈개그콘서트〉가 사라진 시기에 좌절하는 대신 유튜브에 '10년 후'라는 기발한 코미디 극장을 세워 스스로 주인공이 되었다.

규칙은 따르는 것이 아니라, 직접 새로 쓰는 것이다. 박가네 부부는 한국과 일본이라는 물리적 국경을 넘어, 뉴스보다 빠르고 생생한 현지 이야기로 미디어의 국경을 지워버렸다. 최인석 대표(레페리)는 블로거 출신으로 시작해 데이터로 뷰티 시장의 판을 읽으며 크리에이터 중심의 새로운 산업 규칙을 만들었다. 김선민 팀장(YES24 미디어콘텐츠팀)은 책을 파는 서점에서 '플레이리스트'를 통해 책을 읽는 문화를 파는 곳으로 유통의 규칙을 비틀었고, 정찬용 SOOP 전 대표는 '별풍선'이라는 선물 경제를 통해 누구나 자신의 재능으로 수익을 창출할 수 있는 생태계의 룰을 정립했다.

이 책에 담긴 20명의 주인공은 특별한 슈퍼히어로가 아니다. 그저 자신에게 주어진 시간을 쪼개고, 숨겨진 자아를 꺼내 보이고, 타인에게 먼저 손 내밀어 관계를 맺고, 스스로 무대를 짓고, 낡은 규칙을 과감히 깨뜨린 '실행가'들일 뿐이다.

미스터비스트가 보여준 '완전체'의 모습도, 한국의 크리에이터들이 보여준 치열한 생존기도 결국 하나의 메시지로 귀결된다. "영향력은 우연히 주어지는 것이 아니라, 치밀하게 설계하고 실행하는 자의 것이다."

이 책을 덮는 당신에게 다시 묻는다. 당신은 타인의 영향력 아래 머무는 소비자로 남을 것인가, 아니면 당신만의 시간과 이야기를 통해 세상에 새로운 영향력을 설계하는 생산자가 될 것인가.

그렇다. 우리는 모두 스마트폰을 쥔 잠재적인 '호모 인플루언서'다. 반복해 말해도 지나치지 않은 진실이다. 도구는 이미 당신의 손 안에 있다. 설계도 역시 준비되었다. 망설임은 영상 업로드를 늦출 뿐. 이제, 당신의 채널을 만들 시간이다.

호모 인플루언서

초판 발행	2026년 4월 3일 초판 1쇄

지은이	이희대
펴낸곳	피앤피북
펴낸이	최영민
인쇄제작	미래피앤피

주소	경기도 파주시 신촌로 16
전화	031-8071-0088
팩스	031-942-8688
전자우편	hermonh@naver.com
등록일자	2015년 03월 27일
등록번호	제406-2015-31호

ISBN	979-11-94085-99-7 (03190)

- 정가는 뒤표지에 있습니다.
- 헤르몬하우스는 피앤피북의 임프린트입니다.